星座の
神話伝説
大図鑑

グラフィオ・編

夜空にかくされた神秘のロマン

この本では、星座と星にまつわる神話や伝説を、迫力あるイラストとともに紹介しています。黄道12星座をふくむ88星座の荘厳な神話や、ロマンあふれる世界各国の伝説をよんでいただければ、きっと夜空がいつもとちがって見えてくることでしょう。

もくじ

第1章　88星座の神話……05

- ●88星座のなりたち………06

黄道12星座【こうどう12せいざ】

- ★おひつじ座……08　★おうし座………10　★ふたご座………12　★かに座………14
- ★しし座…………16　★おとめ座………18　★てんびん座……20　★さそり座………22
- ★いて座…………24　★やぎ座…………26　★みずがめ座……28　★うお座…………30

春の星座【はるのせいざ】

- ★おおぐま座・こぐま座…32　★うみへび座…34　★ケンタウルス座…36
- ★うしかい座……………38　★かみのけ座…40　★かんむり座………42　★からす座…44

夏の星座【なつのせいざ】

- ★はくちょう座…46　★わし座……48　★こと座……50　★へびつかい座・へび座…52
- ★ヘルクレス座…54　★いるか座…56　★りゅう座…58

秋の星座【あきのせいざ】

- ★ペガスス座……60　★アンドロメダ座…62　★カシオペヤ座…64
- ★ペルセウス座…66　★くじら座………68

冬の星座【ふゆのせいざ】

- ★オリオン座……70　★おおいぬ座……72　★こいぬ座………74　★エリダヌス座…76
- ★ぎょしゃ座……78　★りゅうこつ座・ほ座・らしんばん座・とも座………80

- ●英雄ヘラクレスの生涯 ……………82

✴ 88星座 その他の星座のなりたち【88せいざ そのたのせいざのなりたち】

- ★ いっかくじゅう座／インディアン座／うさぎ座／おおかみ座 ………………84
- ★ がか座／かじき座／カメレオン座／きょしちょう座／きりん座／くじゃく座 ……85
- ★ ケフェウス座／けんびきょう座／こうま座／こぎつね座／コップ座／こじし座 ……86
- ★ コンパス座／さいだん座／さんかく座／じょうぎ座／たて座／ちょうこくぐ座 ……87
- ★ ちょうこくしつ座／つる座／テーブルさん座／とかげ座／とけい座／とびうお座 ……88
- ★ はえ座／はちぶんぎ座／はと座／ふうちょう座／ぼうえんきょう座／ほうおう座 ……89
- ★ ポンプ座／みずへび座／みなみじゅうじ座／みなみのうお座／
  みなみのかんむり座／みなみのさんかく座／ ……………90
- ★ や座／やまねこ座／りょうけん座／レチクル座／ろくぶんぎ座／ろ座 ………91

- ●太陽・月・惑星の神々 ……92　　●88星座 意外なエピソード ……94

第2章 世界各地の星の伝説 …95

- ●世界各地の文明と星 ……96

- ★ 日本・中国の伝説　織姫と彦星 七夕の物語 ………………98
- ★ 日本の伝説　浦島太郎と童子たち ………………100
- ★ 日本の民話　徳蔵と子の星 ………………102
- ★ アイヌの神話　神サマエンの七つ星 ………………104
- ★ 沖縄の民話　むりかぶしの大事な仕事 ………………106
- ★ 中国の伝説　寿命をつかさどる仙人 ………………108
- ★ 中国の伝説　黄帝をのせた竜 ………………110
- ★ モンゴルの伝説　フフデイ王と6頭の鹿 ………………112
- ★ タイの伝説　ブッダがつくったヒヨコ星 ………………114
- ★ インドの神話　3本角のトリシャンク ………………116
- ★ ポリネシア（タヒチ）の民話　もどってこない兄と妹 ………………118
- ★ ポリネシア（ニュージーランド・ハワイ）の伝説　天にかかったつり針 ……120
- ★ アボリジニーの神話　人類で最初に死んだ男 ………………122
- ★ ロシアの民話　7つの星 ………………124
- ★ フィンランドの伝説　光の橋がわたす愛 ………………126
- ★ ヨーロッパの神話　巨人グーゼの目 ………………128

★ イヌイットの民話　はたらき者となまけ者 ……………………………… 130
★ ネイティブ・アメリカンの伝説　北の星の少年 ………………………… 132
★ エジプトの神話　女神イシスの星 ………………………………………… 134
★ アフリカの伝説　星をつくった少女 ……………………………………… 136

● 太陽系の星と世界の神々 …… 138
★ メソポタミア神話／エジプト神話 …… 138　　★ アステカ神話／北欧神話 …… 139
★ 日本神話 …… 140　　★ 月にまつわる日本の童話 …… 141

全天の星座図【ぜんてんのせいざず】

★ 北天／南天／中緯度 ……… 142

この本の見かた

**それぞれの星座や星の位置は、「全天の星座図」（142ページ）を参照してください。
以下は、星座や星の解説にある用語などについて説明しています。**

■ 漢字名：日本では、1952（昭和27）年の日本学術会議天文学研究連絡委員会において、88星座の星座名を「ひらがな、またはカタカナで表記する」ときめられました。この本では、星座名の意味がわかりやすいように、漢字名も併記しています。

■ 学名：天文学でつかわれる星座のラテン語の名称です。よみかたが国によってちがうものもあります。

■ 主星：各星座の重要な星について、名称と等級（明るさ）を紹介しています。等級は、明るいほど数値がさがり、暗いほど数値があがります。「重星」とは、肉眼では1つの星に見えるけれど、実際は接近している2つ以上の星のことです。

■ 季節と20時正中の時期：季節は、日本でその星座が見やすいとされる一般的な頃あいを、春夏秋冬であらわしています。季節の区分は確定しているものではないため、資料によって差異があります。また、日本から観察できない南半球のものは、南半球としるしています。20時正中の時期とは、各星座の概略位置が、東京において20時（午後8時）に子午線を通過する（もっとも高い位置にのぼる）時期をあらわします。季節の区分と20時正中の時期は、かならずしも一致しません。

■ 設定者：星座を設定した人物です。古代ローマの天文学者プトレマイオスのほか、近代の天文学者や天文家などもいます。

※ 第2章では、伝説に関連した星などを黄色でしめしています。

星座名と固有名詞の不一致について

星座名は天文学の表記をもちいつつ、物語中の人物名などは、神話などでつかわれる一般的な名称をもちいています。
例：「ヘルクレス座」と「英雄ヘラクレス」、「カシオペヤ座」と「王妃カシオペア」、「ペガスス座」と「天馬ペガサス」、「ケンタウルス座」と「ケンタウロス族」など。

第1章
88星座の神話

国際天文学連合は、1928年の会議において、
「全天の星座は88個」と正式に決定しました。
この88星座は、日本をふくむ多くの国で採用され、
世界で共通する天の地図としての役割をになっています。
88星座の約半数は、古代のメソポタミア文明や
ギリシア文明からつかわれつづけてきたものです。
それらの星座には、神々や英雄たちがおりなす、
壮大な神話が数多くのこされています。

88星座のなりたち

星座の起源は、メソポタミアやエジプトなどの古代文明までさかのぼります。それらの文明でつくられた星座の原型は、古代ギリシア文明のギリシア神話にうけつがれました。

■紀元前3500年以降
中近東で、メソポタミア文明がさかえる。農業のために正確な季節を知る必要があり、黄道12星座などの星座がつくられた。一方、ナイル川流域には、エジプト文明がさかえた。毎年くりかえされるナイル川の氾濫の時期を知るため、星座がつくられた。

■紀元前2000年以降
エーゲ海沿岸に、ギリシア文明がさかえる。メソポタミアとエジプトの天文学をうけついだ星座が数多くつくられ、ギリシア神話にももりこまれた。

■2世紀頃
古代ローマの天文学者プトレマイオスが、ギリシア文明の星座をまとめた天文学書『メガレシュンタクシス』を執筆。この書が世界中で翻訳され、大航海時代までうけつがれた。

■17世紀～19世紀
ヨーロッパ各国が未開の地をめざして船出した「大航海時代」に突入し、南半球であらたな星が記録される。また、望遠鏡の発明により、肉眼では見えなかった暗い星も発見された。夜間の航海の際、方角を知る手段として星座をつかっていたため、プトレマイオスの星座のほかにも次々とあらたな星座がつくられ、一時は100以上にふくれあがった。しかし、天文学者ごとに内容がことなり、共通のルールは存在しなかった。

■20世紀
1920年、世界各国の天文学者によって、国際天文学連合が結成される。1928年の国際天文学連合の会議で、88個の星座と、それぞれの星座の学名、星座間の境界線がさだめられ、天のすべての星と空間が88星座のいずれかに分類された。

プトレマイオス(トレミー)の48星座

プトレマイオス(英語名：トレミー)は、古代ローマにおいて、天文学者、地理学者、占星術師として活躍した人物です。彼がギリシア文明の天文学をもとに設定した48星座は、「プトレマイオス(トレミー)の48星座」とよばれ、現在でもつかわれている星座の基礎となりました。

■クラウディオス・プトレマイオス(83年頃～168年頃)
天文学書の『メガレシュンタクシス』(『アルマゲスト』)を執筆した、古代ローマの天文学者。この本の中で、ギリシア文明の天文学をもとにした48の星座が記録された。また、地球が宇宙の中心にあり、地球のまわりを太陽や星々がまわっているという天動説も提唱されている。はじめはシリア語でしるされ、のちにアラビア語に翻訳されて『アルマゲスト』と名をかえて、15世紀頃にラテン語で出版され、ヨーロッパ中にひろまった。

黄道12星座

天の太陽のとおり道を「黄道」といい、黄道にかさなる12の星座を「黄道12星座」といいます。黄道12星座は、古代メソポタミアの文明を起源とする古い星座で、占星術などにつかわれました。現在でも、誕生星座の星うらないなどで知られています。

20世紀になってから、国際天文学連合が星座の境界線をさだめた際、黄道上に「へびつかい座」もかさなったため、現在では「黄道13星座」とされることもあります。

黄道にかさなる12の星座
★おひつじ座　★おうし座　★ふたご座　★かに座　★しし座　★おとめ座　★てんびん座 ★さそり座　★いて座　★やぎ座　★みずがめ座　★うお座

ギリシア神話とは

プトレマイオスの48星座の多くは、ギリシア神話を由来とする物語をもっています。ギリシア神話は、古代ギリシアの神々と英雄たちの物語で、紀元前9世紀以降にホメロスやヘシオドスをはじめとするさまざまな作家によってえがかれました。

ギリシア神話に登場する神々や英雄

＜神＞
- ゼウス…神々の頂点にたつ最高神。
- ハデス…死者の国「冥界」を支配する神。ゼウスの兄。
- ポセイドン…世界の海を支配する神。ゼウスの兄。
- ヘラ…ゼウスの妻。結婚をつかさどる女神。
- デメテル…穀物をつかさどる女神。ゼウスの姉。
- アプロディテ…愛と美の女神。神々でもっとも美しい。
- エロス…アプロディテの息子。英語名はキューピッド。
- アテナ…知恵とたたかいの女神。ゼウスの娘。
- ヘルメス…商人、旅人、盗人の神。神々の伝令役。
- アポロン…予言、芸術、医術の神。アルテミスの兄。
- アルテミス…狩猟と弓術の女神。アポロンの妹。
- ディオニュソス…ぶどう酒の神。ゼウスの息子。
- アスクレピオス…死者をもよみがえらせた医術の神。
- ペルセポネ…デメテルの娘。ハデスにさらわれる。
- アストレア…正義の女神。天秤で人間の善悪をさばく。
- プロメテウス…人間の味方をしてゼウスと対立した神。
- パン…半身が人間で半身が山羊の神。ヘルメスの息子。

＜英雄・その他＞
- ヘラクレス…半神半人の英雄。「12の大業」を達成する。
- ペルセウス…半神半人の英雄。怪物メデューサを退治した。
- オリオン…半神半人の狩人。アルテミスと恋愛をする。
- オルフェウス…ギリシア一の音楽家。竪琴の名手。
- イアソン…巨船アルゴ号で冒険し、自国を奪還した王子。
- ケイロン…ケンタウロス族の賢者。多くの英雄を弟子にもつ。

■黄道12星座

空とぶ金色の羊

おひつじ座の神話

◎この神話に関係する星座
・りゅうこつ座（80ページ）
・ほ座（80ページ）ほか

夜空では、小さくてあまり目だたない「おひつじ座」。この星座の神話には、ある少年にまつわる、苦難のドラマがある。

絶体絶命の危機

テッサリア国の王アマタスは、精霊ネペレと結婚して、息子プリクソスと娘ヘレをもった。ネペレが精霊の世界にもどると、王は人間の女性イノをあらたな妃にむかえた。

イノは、自分の子を王座につけるためにプリクソスを殺そうともくろみ、「プリクソスとヘレを生贄にせよと神のお告げがあった」というウソをひろめた。それをしんじた王は、ふたりの殺害を許可してしまう。

生贄の儀式の日。ふたりが殺される直前、空から金色にかがやく羊がまいおりた。羊は、プリクソスとヘレを背中にのせて、すぐさま上空にとびたった。この羊は、わが子の危機を知った母のネペレが最高神ゼウスからさずかって、ふたりのもとへおくったものだった。

異国をめざして

羊は、異国をめざして海上をとんだ。しかし、そのとちゅうで、ヘレが海におちて死んでしまう。なげきかなしむプリクソスひとりをのせて、羊はとびつづけた。そして、ついに異国のコルキスにおりたった。

プリクソスは、羊の魂をゼウスにかえして、その毛皮はコルキスの王におくった。のちに、彼は王の娘と結婚して、コルキス王となる。

羊は、神々にはたらきをみとめられ、夜空にあげられて「おひつじ座」となった。

おひつじ座 Data

- 漢字名：牡羊座
- 学　名：Aries（アリエス）
- 主　星：ハマル（2.0等級）
- 区　分：黄道12星座
- 季　節：秋の星座（20時正中　12月下旬）
- 設定者：プトレマイオス

黄道12星座

白い牡牛に化けたゼウス

おうし座の神話

星図などにえがかれる「おうし座」の絵は、雲から体をだしている牡牛のすがたが多い。これは、牡牛に化けたゼウスが、天から降臨するようすだという。

美しき王女エウロペ

　ある日、最高神ゼウスが、神々の世界から人間たちのいる地上をながめていると、海辺にひとりの美女を見つけた。彼女の名はエウロペ。フェニキア国の王女である。

　ゼウスは、エウロペをひと目で気にいり、白い牡牛に化けて地上におりた。エウロペは、どこからともなくあらわれた美しい牡牛に心をひかれる。牡牛がエウロペの足もとにかがんで、背中にのるようにうながすと、彼女はよろこんでその背中にのった。

海上をかけぬける牡牛

　エウロペを背中にのせるやいなや、いきなり立ちあがった牡牛は、海にむかってかけだした。まるでそこに陸があるかのように、海上を猛然とはしりつづける。エウロペは、ふりおとされないよう必死になって、牡牛の角にしがみついた。

　牡牛はしばらくの間、海や陸をはしりまわった。このときにかけぬけた地を、エウロペ（Europa）にちなんで、ヨーロッパ（Europe）とよぶようになったという。

　クレタ島に上陸した牡牛は、ゼウスのすがたにもどってエウロペに求愛した。その後、ゼウスとエウロペの間に3人の男子がうまれた。ゼウスはその記念に、自分が化けた牡牛を天にうつして「おうし座」をつくった。

おうし座 Data

- 漢字名：牡牛座
- 学　名：Taurus（タウルス）
- 主　星：アルデバラン（0.8等級）
- 区　分：黄道12星座
- 季　節：冬の星座（20時正中　1月下旬）
- 設定者：プトレマイオス

■黄道12星座

ふたごのカストルとポルックス

●この神話に関係する星座
・はくちょう座（46ページ）
・りゅうこつ座（80ページ）ほか

ふたご座の神話

「ふたご座」の神話には、カストルとポルックスという、ふたごの兄弟が登場する。このふたりには、ある決定的なちがいがあった。

卵からうまれた兄弟

スパルタ国の王妃レダは、ある日、最高神ゼウスに見そめられ、白鳥の卵をうんだ。その卵から、カストルとポルックスというふたごの兄弟がうまれた。ふたりはなかがよく、おたがいを高めあって成長した。とくに乗馬や拳闘の才能が高く、戦士として戦争に参加しては、ふたりで大活躍をした。

そのうわさをききつけた英雄イアソンは、巨船アルゴ号での冒険に、カストルとポルックスをまねいた。船旅で、ふたりはタロスという青銅の怪物をたおしたり、海賊たちを撃退したりと、めざましい功績をのこした。その後、ふたりは世界中の船のりたちから、船の守護神としてあがめられるようになった。

死がふたりをひきさく

ふたりには、決定的なちがいがあった。ゼウスの血を多くうけついだポルックスは不死身で、スパルタ王の血を多くうけついだカストルは生身の人間だったのだ。あるたたかいで、カストルは矢にあたって死んでしまう。

絶望したポルックスは、自分も死にたいとねがったが、不死身のためにかなわなかった。あわれんだゼウスは、ポルックスの不死性を半分わけあたえてカストルを復活させた。

ふたりは、天にのぼって「ふたご座」になり、今でもなかよくくらしている。

ふたご座 Data

- 漢字名：双子座
- 学　名：Gemini（ゲミニ）
- 主　星：カストル（1.6等級）
        ポルックス（1.1等級）
- 区　分：黄道12星座
- 季　節：冬の星座（20時正中　3月上旬）
- 設定者：プトレマイオス

14 | かに座

黄道12星座

ヘラクレスをねらう化け蟹

○この神話に関係する星座
・うみへび座（34ページ）
・ヘルクレス座（54ページ）

かに座の神話

「かに座」など、いくつかの星座の神話に、最高神ゼウスの子であるヘラクレスが登場する。彼は、数々の敵に勝利した英雄だ。

英雄ヘラクレスと女神ヘラ

最高神ゼウスは、人間の王女アルクメネとの間に、ヘラクレスという息子をもった。ゼウスの妻の女神ヘラは、夫がうませた他人の子であるヘラクレスをにくみ、うまれたばかりの彼に毒蛇をさしむけて殺そうとした。しかし、英雄の素質をもつヘラクレスは、素手で蛇を撃退してしまう。ヘラは、よりいっそう彼をにくむようになっていく。

たくましく成長したヘラクレスは、王の命令で、おそろしい大蛇のヒュドラを退治することになった。ヘラクレスはヒュドラと死闘をくりひろげたが、なかなか決着がつかない。すると、女神ヘラは、下界にすむ巨大な化け蟹に声をかけ、「ヒュドラと協力してヘラクレスをたおしなさい」と使命をあたえた。

死闘のかげで

戦場に来た化け蟹は、ヒュドラとのたたかいに集中しているヘラクレスに背後からしのびより、大きなはさみで彼の足を切りおとそうとした。その瞬間、なにげなく後退したヘラクレスにふみつぶされ、あえなく死んでしまう。ヘラクレスは、そのことにまったく気づかないまま、ヒュドラにも勝利した。

ヘラは、そんな化け蟹をあわれに思い、ヘラクレスをくるしめたヒュドラとともに天にあげて、「かに座」と「うみへび座」にした。

かに座 Data

- 漢字名：蟹座
- 学　名：Cancer（カンケル）
- 主　星：アクベンス（4.3等級）
- 区　分：黄道12星座
- 季　節：春の星座（20時正中　3月下旬）
- 設定者：プトレマイオス

88星座｜黄道12星座｜かに座

16 | しし座

■黄道12星座

不死身の人喰いライオン

しし座の神話

○この神話に関係する星座
・ヘルクレス座（54ページ）
・うみへび座（34ページ）

英雄ヘラクレスは、「12の大業」とよばれる数々の冒険にいどんだ。その最初の冒険が、「しし座」の神話だ。「うみへび座」のヒュドラ退治は、2番目の冒険にあたる。

ヘラクレスの使命

ヘラクレスは、女神ヘラに心底にくまれ、ヘラの陰謀によって、3人のわが子と弟イピクレスの子を殺してしまう。彼はその罪をつぐなうため、神のお告げにしたがって、ミュケナイの王エウリュステウスの家来となり、王が命じる難行の達成をめざすことにした。

しかし、エウリュステウス王は、女神ヘラのさしがねで王座についた人物だった。ヘラクレスの死をのぞむ王は、最初の難行として、人喰いライオンの退治を命じたのだ。

ネメアの森のライオン

ネメアの森には、人や家畜をおそってたべる巨大なライオンがすんでいて、不死身だといわれ、おそれられていた。王の命令でこの森にやってきたヘラクレスは、剣と弓矢で攻撃をしかけたが、ライオンはびくともしない。そこで、彼はこん棒を武器にライオンにとびかかり、3日間、格闘しつづけた。

ヘラクレスは、ライオンの首に腕をまわし、ゼウスの血をひく神の怪力でしめあげて、ついに不死身とされていたライオンを殺した。彼はライオンの皮をはぎとって、鎧兜のように頭から体にまとった。このすがたが、のちにヘラクレスのシンボルとされる。

ゼウスは、ヘラクレスの功績をたたえ、ライオンを天にあげて「しし座」をつくった。

しし座

・漢字名：獅子座
・学　名：Leo（レオ）
・主　星：レグルス（1.3等級）
　　　　　デネボラ（2.1等級）
・区　分：黄道12星座
・季　節：春の星座（20時正中　4月下旬）
・設定者：プトレマイオス

Data

■黄道12星座

ペルセポネの悲劇

おとめ座の神話

「おとめ座」の乙女とは、いったい誰なのか。いくつかの説がある。穀物の豊穣をつかさどる女神デメテル、その娘の女神ペルセポネ、正義をつかさどる女神アストレア、アテネ王の娘エーリゴネなど。ここでは、女神ペルセポネの神話を紹介しよう。

ハデスにさらわれた乙女

豊穣の女神デメテルは、最高神ゼウスとの間に、一人娘のペルセポネをもった。デメテルは娘を心から愛し、大事にそだてた。やがてペルセポネは、身も心も美しく成長した。

ある日、ペルセポネが野原で花をつんでいると、突然、大地がさけて、冥界の王ハデスがあらわれた。以前からペルセポネを気にいっていたハデスは、なきさけぶ彼女を冥界へつれさり、強引に妻にしてしまう。さらに、地上にもどれなくなる効果をもつザクロをたべさせて、彼女を冥界にしばりつけた。

母デメテルの絶望

最愛の娘をうしなったデメテルは、絶望して神の世界からすがたをくらませた。すると、すべての草木がかれはて、人間は飢えにくるしんだ。見かねたゼウスは、ハデスと交渉し、1年のうちの8か月間は、デメテルのもとにペルセポネをかえすようにした。

こうしてペルセポネは、8か月間は天上で、のこりの4か月間は冥界でくらすようになった。彼女自身である「おとめ座」が天にあがらない4か月間は、デメテルがふさぎこむため、地上は冬になり、草木がそだたなくなる。

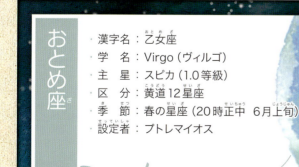

おとめ座

- 漢字名：乙女座
- 学　名：Virgo（ヴィルゴ）
- 主　星：スピカ（1.0等級）
- 区　分：黄道12星座
- 季　節：春の星座（20時正中　6月上旬）
- 設定者：プトレマイオス

Data

■黄道12星座

正義の女神の天秤

てんびん座の神話

「てんびん座」の天秤は、人間の善悪をはかるための道具だという。その持ち主は、正義をつかさどる女神アストレアだ。

アストレアの公正なさばき

　そのむかし、神と人間は、ともに地上でくらしていた。しかし、時代がたつにつれて人間たちがウソをつくようになり、他人のものをうばいあい、銅で武器をつくってあらそいはじめると、神々はあきれて天上の世界へとひきあげていった。

　正義の女神アストレアだけは、地上にのこって人間たちによりそった。彼女は、善悪をはかることのできる天秤をもっていた。あらそっている人間の魂を天秤にのせると、よいほうの皿はあがり、わるいほうの皿はさがった。

あらそいの果てに

　人間たちは、アストレアのさばきをありがたくうけいれていた。しかし、やがて青銅が発明され、英雄たちがあらわれるようになると、各地で戦争がおこって、多くの人間が命をおとした。それでもアストレアは正義をとき、天秤でさばきをくだしていたが、人間たちは、しだいに彼女の言葉に耳をかさなくなっていく。そして、ついに人間たちは、大量生産を可能とする鉄を発明した。鉄製の武器がつかわれて戦争は大規模になり、すさまじい数の人間が命をおとしていった。

　アストレアはかなしみ、なげいた。そして、とうとう人間を見かぎり、天にかえった。彼女の手からはなれた天秤は、「てんびん座」となって、夜空にのこった。

てんびん座

- 漢　字　名：天秤座
- 学　　　名：Libra（リブラ）
- 主　　　星：キファ・アウストラリス
  　　　　　　（重星 2.8／5.2等級）
- 区　　　分：黄道12星座
- 季　　　節：春の星座（20時正中　7月上旬）
- 設　定　者：プトレマイオス

Data

キファ・アウストラリス

21

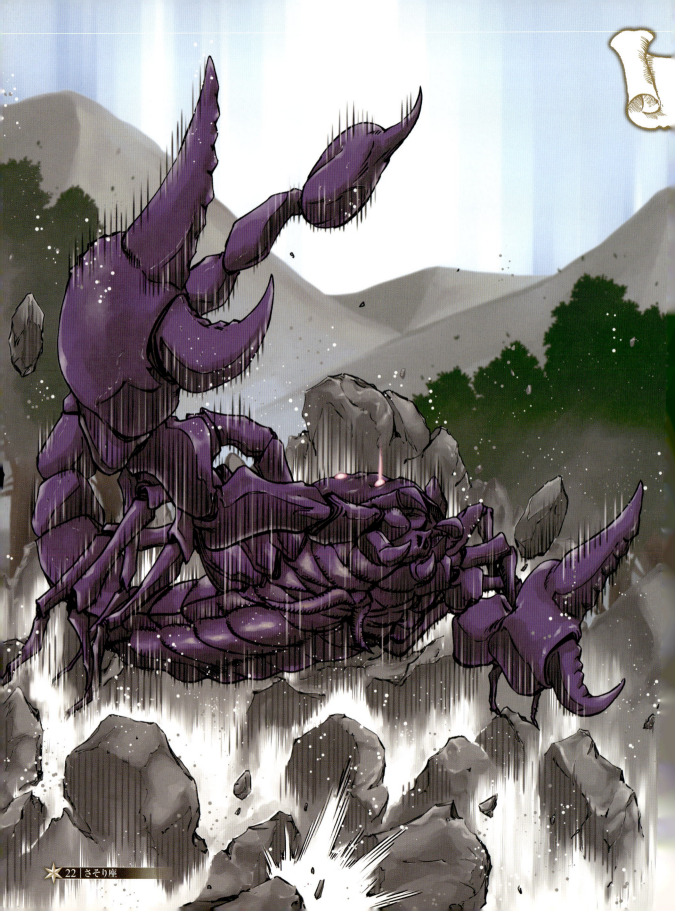

■黄道12星座

オリオンをねらう大蠍

●この神話に関係する星座
・オリオン座（70ページ）

さそり座の神話

「さそり座」の神話には、オリオンという男が登場する。海神ポセイドンを父にもつ彼は、人なみはずれた大きな体と強い力をそなえ、すばらしい狩りの腕前をもっていたという。

狩人オリオン

あるところに、オリオンという大男がいた。彼は狩りの名手で、どんな獲物でも確実にしとめた。しかし、うぬぼれ屋で暴力的だったため、まわりの人々からは、うとまれていた。

オリオンは、エーゲ海の島の王女メロペにひとめぼれをして、妻にしようと強引にせまった。しかし、メロペとその家族は粗暴なオリオンをきらって、一家で島をさってしまう。腹をたてたオリオンは、ますます乱暴な性格になっていく。

神の怒りと大蠍

メロペをあきらめたオリオンは、また狩りをはじめた。次々と獲物をしとめていくうちに気分が高まり、「この腕前には、たとえ神でもかなわないだろう」と大声でいばった。

それを耳にした神々は腹をたて、とくに女神ヘラは激怒した。ヘラは、オリオンをこらしめるため、大きな蠍をさしむけた。

オリオンが、いつものように道をあるいていると、大蠍がいきなり大地からあらわれた。彼は大蠍の毒針にさされて、命をおとした。

ヘラは、手がらをたてた大蠍を天にあげて「さそり座」をつくった。のちにオリオンも星座の「オリオン座」になったが、彼は蠍をおそれているため、「さそり座」とおなじ夜空には、けっしてあらわれない。

さそり座 Data

- 漢字名：蠍座
- 学　名：Scorpius（スコルピウス）
- 主　星：アンタレス（変光星 1.0〜1.8等級）
- 区　分：黄道12星座
- 季　節：夏の星座（20時正中　7月下旬）
- 設定者：プトレマイオス

■黄道12星座

ケンタウロスの賢者

いて座の神話

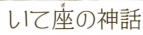
●この神話に関係する星座
・ケンタウルス座（36ページ）
・ヘルクレス座（54ページ）

ギリシア神話には、けものと人間のすがたをあわせもつ、さまざまな種族が登場する。「いて座」の星座の絵にかかれているのは、上半身が人間で下半身が馬、弓矢を得意とするケンタウロス族のケイロンという賢者だ。

賢者ケイロン

乱暴者が多いケンタウロス族の中で、ケイロンだけはおだやかな性格で、学問を好んだ。彼は、ゼウスの父クロノスの血をひいていて、神々とも親交がふかく、神アポロンからは医術や芸術を、女神アルテミスからは狩猟をまなんだ。すぐれた知識をもち、武術にも秀でた彼は「賢者」とよばれて尊敬され、ヘラクレスやアキレスなどの英雄を弟子にとって、教育をほどこした。

不死身のくるしみ

ある日、酒によったヘラクレスが、ケンタウロス族とけんかをした。ヘラクレスが、怒りにまかせてヒュドラの猛毒をぬった矢をはなつと、師であるケイロンの足にささってしまった。われにかえったヘラクレスがなきながらわびると、ケイロンは、ヘラクレスのほおをそっとなでて、その罪をゆるした。

しかし、ヒュドラの猛毒は、ふれた者を死ぬまでくるしめるものだった。神の血をひくケイロンは不死身のため、死ぬこともできずに、ひたすらもだえくるしんだ。そのすがたを見かねたゼウスは、ケイロンから不死性をとりのぞいて落命させ、苦痛から解放した。さらにゼウスは、その死をいたんでケイロンを天にあげ、星座の「いて座」をつくった。

88星座｜黄道12星座｜いて座

いて座 Data

- 漢字名：射手座
- 学　名：Sagittarius（サジタリウス）
- 主　星：ルクバト（4.1等級）
       カウス・アウストラリス（1.8等級）
- 区　分：黄道12星座
- 季　節：夏の星座（20時正中　9月上旬）
- 設定者：プトレマイオス

▍黄道12星座

あわてんぼうのパン

○この神話に関係する星座
・うお座(30ページ)

やぎ座の神話

「やぎ座」の絵は、山羊と魚の体をあわせもったすがたをしている。これは、牧畜の神パンが化けそこねたものだという。

半身が山羊の神

パンは、神ヘルメスと精霊の母との間にうまれた。そのすがたは、上半身が人間で下半身が山羊という、奇怪なものだった。母は、「怪物をうんでしまった」となげき、パンをきらった。しかし、ヘルメスは、パンを神々がすむ神殿につれていき、ゼウスたちに紹介した。神々は、パンのすがたを気にいり、神々の一員としてみとめたという。

その後、パンは牧畜の神となって、山羊や羊や牧人をまもりながら、笛をふいたり昼寝をしたりと、明るく陽気にくらした。

怪物テュポンあらわる

あるとき、神々がナイル川のほとりにあつまって、うたげをもよおした。パンは得意の笛をふいて、うたげをもりあげていた。

そのさなか、突然、怪物テュポンがあらわれた。上半身が巨人で下半身は大蛇、両肩から100匹の蛇の頭をはやしているおそろしいテュポンは、神々をかたっぱしからおそいはじめる。不意をつかれた神々は、ちりぢりに、その場からにげた。パンは、川ににげるためにあわてて魚に変身したが、うまく化けたのは下半身だけで、上半身は山羊になった。

テュポンがさったあと、化けそこないのパンを見て、神々は大いにわらった。あまりのおかしさから、ゼウスはパンのそのすがたを天にあげて、「やぎ座」をつくった。

やぎ座

Data

- 漢字名：山羊座
- 学　名：Capricornus（カプリコルヌス）
- 主　星：アルゲディ（重星 3.6／4.3等級）
- 区　分：黄道12星座
- 季　節：秋の星座（20時正中　9月下旬）
- 設定者：プトレマイオス

■黄道12星座

神々の酒をつぐ役目

○この神話に関係する星座
・ヘルクレス座（54ページ）

みずがめ座の神話

星座の絵では、水瓶をもつ美少年のすがたでえがかれる「みずがめ座」。水瓶からながれでているのは、ネクタルという神の酒だ。

神々のうたげ

最高神ゼウスと、その妻の女神ヘラは、たくさんの神々をオリュムポス山にまねいて、毎日のようにうたげをひらいていた。そこにかかせないのが、のむと不老不死になるという神の酒ネクタルだ。神々は、ネクタルをのみながら、世の中についてかたりあった。

青春の女神ヘベは、水瓶にみたしたネクタルを神々についでまわるという役目をつとめていた。しかし、彼女は、死後に天にのぼった英雄ヘラクレスとの結婚がきまったため、その役目からはずれることになった。

美少年ガニメデス

ゼウスが地上をながめながら、ヘベのかわりをさがしていると、黄金にかがやく体をもつ美少年を見つけた。彼の名はガニメデス。トロイア国の王子である。

ゼウスは、大鷲に化けて地上にとび、ガニメデスをつかまえて神の神殿へつれさった。ガニメデスはなきさけんだが、すがたをあらわしたゼウスからネクタルをつぐ役目を告げられると、すなおにおうじた。ただ彼は、両親がかなしむにちがいないと心配した。

そこで、ゼウスは、伝令の神ヘルメスをトロイア国に派遣してガニメデスの無事を知らせ、神の宝物をおくった。さらに、天に「みずがめ座」をつくって、いつでも地上からガニメデスのすがたを見られるようにした。

88星座｜黄道12星座｜みずがめ座

みずがめ座

- 漢字名：水瓶座
- 学　名：Aquarius（アクアリウス）
- 主　星：サダルメリク（3.0等級）
　　　　　サダルスウド（2.9等級）
- 区　分：黄道12星座
- 季　節：秋の星座（20時正中　10月下旬）
- 設定者：プトレマイオス

Data

29

黄道12星座

リボンでむすんだ母と子の愛

●この神話に関係する星座
・やぎ座（26ページ）

うお座の神話

リボンでむすばれた2匹の魚としてえがかれる「うお座」。これは、愛と美の女神アプロディテと、息子のエロス（英語名：キューピッド）が化けたすがただといわれる。この物語は、「やぎ座」の神話とおなじ舞台でかたられる。

愛をつかさどる神

ギリシアの神々の中でもっとも美しいといわれる女神アプロディテには、エロスという名の息子がいた。ふたりとも、愛をつかさどる神である。

エロスは、特別な弓矢をもっていて、相手の心を射ぬいて恋愛感情をあやつることができた。アプロディテとエロスは、この弓矢をつかって神々や人間たちの心をうごかし、恋愛をさせていた。

母子のきずな

ナイル川のほとりで、神々がうたげをひらいていると、いきなり怪物テュポンがおそいかかってきた。あわてた神々は、さまざまなすがたに化けて、ちりぢりににげた。最高神ゼウスは鷲に、女神ヘラは牝牛に、神アポロンは烏に、女神アルテミスは猫に、神パンは化けそこないの魚に……。

アプロディテとエロスは、魚に化けてナイル川にとびこんだ。そのとき、川のはげしい流れではぐれてしまわないように、1本のリボンでおたがいの体をむすびあった。こうして母子は、無事にテュポンからにげおおせた。

母子の愛に心をうたれたゼウスは、ほうびとして、魚になったふたりのすがたを天にうつして「うお座」をつくった。

うお座 Data

- 漢字名：魚座
- 学　名：Pisces（ピスケス）
- 主　星：アル・レシャ（3.8等級）
- 区　分：黄道12星座
- 季　節：秋の星座（20時正中　11月下旬）
- 設定者：プトレマイオス

32 | おおぐま座・こぐま座

|春の星座|

熊になった親子

おおぐま座・こぐま座の神話

「おおぐま座」には北斗七星、「こぐま座」には北極星がある。大熊は精霊の女性カリストが、小熊は息子のアルカスがかわったすがただ。なぜ、ふたりは熊になったのだろうか。

女神アルテミスの怒り

　狩猟の女神アルテミスは、純潔を重んじて男性をちかよらせず、いつも女性の精霊たちと行動をともにしていた。その精霊のひとりのカリストも、アルテミスとおなじく男性とのかかわりをさけていた。しかし、カリストはとても美しかったため、最高神ゼウスにみそめられ、子どもを身ごもってしまう。

　アルテミスは激怒し、カリストを追放した。仲間たちのもとをはなれたカリストは、たったひとりで男の子を出産する。

女神ヘラの罰

　女神ヘラも、夫のゼウスの子をうんだカリストをゆるせなかった。ヘラは、うまれたばかりの男の子をカリストからうばいとり、彼女を大きな熊にかえてしまう。カリストは、なきながら森の奥へときえていった。

　男の子はアルカスと名づけられ、人間の村で成長し、狩人になった。ある日、彼が森で狩りをしていると、大きな熊とでくわす。アルカスは、なぜかうれしそうにかけよってくる熊をねらって、弓矢をひきしぼった。

　それを見ていたゼウスは、子が親を殺してはならないと、瞬時にアルカスを小熊にかえた。そして、ふたりを天にあげて、「おおぐま座」と「こぐま座」にした。星座になったふたりは、運命的な再会を心からよろこんだ。

おおぐま座		
・漢字名	大熊座
・学　名	Ursa Major（ウルサ・マヨル）
・主　星	ドゥベー（1.8等級）
・季　節	春の星座（20時正中　5月上旬）
・設定者	プトレマイオス

こぐま座		
・漢字名	小熊座
・学　名	Ursa Minor（ウルサ・ミノル）
・主　星	ポラリス（重星 2.0／8.2等級・北極星）
・季　節	春の星座（20時正中　7月中旬）
・設定者	プトレマイオス

34 | うみへび座

■春の星座

9つの首をもつ大蛇ヒュドラ
うみへび座の神話

●この神話に関係する星座
・かに座（14ページ）
・ヘルクレス座（54ページ）

「うみへび座」の海蛇とは、「かに座」の神話にも登場する巨大な怪物ヒュドラのことである。星座もとても大きく、88星座の中で、いちばん横幅がひろい。

不死身の怪物

ミュケナイ地方のレルネの沼地に、怪物ヒュドラがすみついた。ヒュドラは、人間や家畜を喰ったり、猛毒をはいて沼の水を汚染したりしていた。

ヒュドラは、9つの首をもつ大蛇で、その首のうちのひとつが不死身なため、殺すことができない。ほかの首なら切りおとせるが、切るとあらたな首がはえてきてしまうという。

そんな怪物の退治にのりだしたのは、数々の難行にいどむ、英雄ヘラクレスだ。

ヘラクレスの作戦

沼地に到着したヘラクレスは、火矢をはなってヒュドラを巣からおいだし、ヒュドラの首を剣で切りおとした。しかし、うわさできいていたように、すぐにあらたな首がはえてきた。そこで、ヘラクレスは、ヒュドラの首をはねるたびにたいまつの火で切り口をやき、首がはえないようにした。そして、不死身な首がひとつだけになると、ヘラクレスは大岩をなげとばしてヒュドラをつぶし、身うごきできないようにした。こうして、みごとにヒュドラ退治をなしとげたのである。

ヒュドラは、ヘラクレスをにくむ女神ヘラによって天にあげられ、星座になった。「うみへび座」の首が1本しかないのは、ヘラクレスとたたかったあとのすがただからだ。

うみへび座

Data
・漢字名：海蛇座
・学　名：Hydra（ヒドラ）
・主　星：アルファルド（2.0等級）
・季　節：春の星座（20時正中　4月下旬）
・設定者：プトレマイオス

| 春の星座

好奇心旺盛なポロス

ケンタウルス座の神話

○この神話に関係する星座
・いて座（24ページ）
・ヘルクレス座（54ページ）

「ケンタウルス座」は、南半球でよく見られる星座だ。日本では、地平線ぎりぎりに、ケンタウロスの上半身あたりを見ることができる。この物語は、「いて座」とおなじ舞台でかたられる。

神ディオニュソスの酒

上半身が人間で下半身が馬というすがたのケンタウロス族に、ポロスという男がいた。ポロスは、ぶどう酒の神ディオニュソスと義理の兄弟で、しばしば、極上の酒をわけてもらっていた。この酒は、ケンタウロス族の仲間とわけあって、大切にのまれていた。

ある日、ポロスは、冒険にむかうとちゅうの英雄ヘラクレスと出会い、すぐになかよくなって、いっしょに食事をはじめた。

怪物ヒュドラの毒

食事のさなか、酒がのみたくなったヘラクレスは、ケンタウロス族が大切にしているディオニュソスの酒を勝手にのみはじめる。ケンタウロスたちは激怒してつめよったが、酒によったヘラクレスも怒り、ヒュドラの毒がついた矢をうって、おいはらいはじめた。

毒矢がささったケンタウロスは、ばたばたとたおれて即死した。その毒の力に興味をもったポロスは、仲間の死体から毒矢をぬいて、しげしげとながめた。そのとき、不注意から自分の足を矢で傷つけ、死んでしまう。

正気にもどったヘラクレスは、ポロスの死をいたんで、手あつくほうむった。それを見ていたゼウスは、ポロスを天にあげて「ケンタウルス座」をつくった。

88星座｜春の星座｜ケンタウルス座

ケンタウルス座 Data

・学　名：Centaurus（ケンタウルス）
・主　星：アルファ・ケンタウリ（重星 0.0/1.4等級）
　　　　　ハダル（0.6等級）
・季　節：春の星座（20時正中　6月上旬）
・設定者：プトレマイオス

■春の星座

天をかつぐ神アトラス

●この神話に関係する星座
・ペルセウス座（66ページ）

うしかい座の神話

「うしかい座」にえがかれる男は、じつは牛飼いではない。天頂付近にある星座ということから、天をささえる神アトラスだとされている。うしかい座といわれる理由は、星座の配置にある。ちかくに「りょうけん座」と「おおぐま座」があるので、猟犬をけしかけて熊をおいはらう牛飼いに見たてたのだという。

ティタン神族のアトラス

ゼウスが最高神になる前、世界はティタン神族の神クロノスが支配していた。ゼウスは、兄弟とともにティタン神族にたたかいをいどんで、勝利した。ゼウスがひきいる神々はオリュムポス神族とよばれ、敵対したティタン神族の神々にきびしい罰をあたえた。その中に、神アトラスもいた。

天をかつぎつづける

クロノスをはじめとするティタン神族の神々は、地下にある死後の世界、冥界のもっとも底にある地獄「タルタロス」におくられた。アトラスは地上にのこされたが、それは見せしめとして、永久に天をささえつづけるという罰をあたえるためだった。

長い年月、アトラスは重く大きな天をささえつづけ、体も心もつかれはててしまう。

ある日、英雄ペルセウスが、神や人を石にかえてしまう怪物メデューサを退治し、その首をたずさえてとおりかかった。アトラスは、ペルセウスにたのんで、メデューサの首で自分を石にかえてもらった。

石になったアトラスは、やがて星になるが、今も天をささえているという。

うしかい座 Data

- 漢字名：牛飼座
- 学　名：Bootes（ボーテス）
- 主　星：アルクトゥルス（0.0等級）
- 季　節：春の星座（20時正中　6月下旬）
- 設定者：プトレマイオス

アルクトゥルス

40 | かみのけ座

■春の星座

ベレニケの美しい髪
かみのけ座の神話

「かみのけ座」は、紀元前3世紀ごろに実在したエジプト王妃ベレニケの、髪の毛をかたどった星座だ。彼女の髪の毛は、美をつかさどる女神アプロディテがみとめるほど、きわめて美しかったという。

うわさの髪

エジプトのマケドニア王朝の王、プトレマイオス3世は、よい政治で国をおさめ、民衆から崇拝をあつめていた。その妻ベレニケは、もとはアフリカの港町キュレネーの女王で、ふたりの結婚によってマケドニア王朝は大いにさかえた。なにより、ふたりはおたがいを大切に思い、愛しあっていた。

王妃ベレニケは、とても美しい髪をもっていた。その美しさは、外国でもうわさになるほどだったという。そして、プトレマイオス王も、妻の髪を自慢に思っていた。

王の無事をねがって

あるとき、王は戦争に出陣した。ベレニケは、王の無事と勝利をねがって、愛と美の女神アプロディテにいのり、「ねがいがかなえられたら、この髪をささげます」と約束した。

王が戦争に勝利すると、その知らせをきいたベレニケは、髪の毛を切って神殿にささげた。次の日、髪の毛は神殿からきえていた。

帰国した王は、短くなった妻の髪を見て失望したが、あらたな星が夜空にかがやいていることに気がついた。それは、女神アプロディテが美しい髪を気にいり、「かみのけ座」として天にかざったものだった。

88星座｜春の星座｜かみのけ座

かみのけ座 Data

- 漢字名：髪座
- 学 名：Coma Berenices（コマ・ベレニケス）
- 季 節：春の星座（20時正中　5月下旬）
- 設定者：ブラーエ
  （16世紀のデンマークの天文学者）

※この神話に登場するプトレマイオス王は、48星座を設定した天文学者プトレマイオスとは別の人物です。

41

42 | かんむり座

■春の星座

アリアドネの宝冠

かんむり座の神話

「かんむり座」の冠は、ぶどう酒の神ディオニュソスがアリアドネにおくった宝冠だという。アリアドネはクレタ島の国の王女だったが、この国には重大なかくしごとがあった。

怪物ミノタウロス

クレタ島をおさめる王ミノスは、おそるべき問題をかかえていた。海神ポセイドンとの約束をやぶったために、王妃が「牡牛しか愛せない」というのろいをかけられていたのだ。王妃は牡牛と愛しあい、体が人間で頭が牛の怪物、ミノタウロスをうみだしてしまう。

王は、迷宮をつくってミノタウロスをとじこめ、世間からかくした。そして、毎年7人ずつの少年少女を迷宮におくり、ミノタウロスの生贄にするという非道をくりかえした。

アリアドネの恋

都市国家アテナイの王子テセウスは、ミノス王の非道を知り、ミノタウロス退治にむかった。ミノス王の娘アリアドネは、テセウスと出会って恋におち、彼の目的をきいて、武器と道具をわたす。テセウスは、それらをつかってみごとにミノタウロスをたおし、アリアドネとともにクレタ島から脱出した。しかし、テセウスは道中で女神アテナからお告げをうけて、彼女をおきざりにしてしまう。

失恋してかなしむアリアドネを見た神ディオニュソスは、彼女をあわれみ、美しい宝冠をおくって妻にむかえた。その後、ふたりはしあわせにくらし、やがてアリアドネが亡くなると、ディオニュソスは妻におくった宝冠を天にあげて「かんむり座」をつくった。

かんむり座

- 漢字名：冠座
- 学　名：Corona Borealis（コロナ・ボレアリス）
- 主　星：アルフェッカ（2.2等級）
- 季　節：春の星座（20時正中　7月中旬）
- 設定者：プトレマイオス

Data

| 春の星座

おしゃべりな白い鳥

からす座の神話

●この神話に関係する星座
・へびつかい座（52ページ）
・コップ座（86ページ）

ウソつき、おしゃべり、ずるがしこい――。
烏は、悪いイメージでたとえられがち。それは「からす座」の神話でもおなじようだ。

神アポロンの烏

　予言や芸術をつかさどる神アポロンは、テッサリア国の王女コロニスと恋をして、結婚した。ふたりは天上と地上にわかれてくらしていたため、アポロンは、おたがいの想いをつたえる役目を烏にたくしていた。その烏は、白くかがやく美しい羽をもち、言葉を話すことができた。

　ある日、烏は、コロニスが男性とたわいもない話をしているところを見て、アポロンに「浮気をしている」とつたえた。怒ったアポロンは、矢をはなってコロニスを射ぬく。

無実のコロニス

　胸に矢をうけたコロニスは、「せめて、おなかにいるあなたの子をたすけて」とアポロンにつたえて、死んでしまう。自分のあやまちに気づいたアポロンは、後悔にうちのめされながら、妻の体から赤子をとりだした。彼は、その子をアスクレピオスと名づけ、ケンタウロス族のケイロンにあずけた。アスクレピオスは、のちにギリシア一の名医になる。

　アポロンは、けっして烏をゆるさなかった。烏から言葉をうばい、白い羽をみにくい黒にかえて、そのぶざまなすがたをさらしものにするため、天にあげて「からす座」とした。

　「からす座」は、目の前の「コップ座」にくちばしがとどかないようにおかれた。のどがかわいても、水がのめないという罰だった。

からす座

- 漢字名： 烏座
- 学　名： Corvus（コルヴス）
- 主　星： アルキバ（4.0等級）
　　　　　クラズ（2.7等級）
- 季　節： 春の星座（20時正中　5月下旬）
- 設定者： プトレマイオス

88星座｜春の星座｜からす座

46 | はくちょう座

|夏の星座

白鳥に化けたゼウス

○この神話に関係する星座
・ふたご座（12ページ）

はくちょう座の神話

「はくちょう座」と「ふたご座」の神話に登場する王妃レダは、白鳥の卵をうんでいる。これは、最高神ゼウスが白鳥のすがたに化けて、レダにちかづいたためだ。

白鳥に化けたゼウスは、そのすがたのままレダの胸にとびこんで、まんまと想いをとげたのだった。このときの白鳥のすがたが、のちに「はくちょう座」になったという。

美しい王妃レダ

　スパルタ国の王妃レダは、非常に美しく、心やさしい女性だった。地上をながめていた最高神ゼウスは、そんなレダを見つけて心をひかれ、自分のものにしたいとかんがえた。

　ゼウスは、愛の女神アプロディテに協力をもとめる。彼自身は白鳥に化けて、鷲に化けたアプロディテにわざとおいまわしてもらい、その状況をレダが目撃するようにしむけたのだ。やさしいレダは、鷲から白鳥をまもってあげようと、窓をあけて部屋にまねきいれた。

レダの子どもたち

　王妃レダは、2つの白鳥の卵をうんだ。その卵から、4人の子どもが誕生した。カストルとポルックスはふたごの兄弟、ヘレネとクリュタイムネストラはふたごの姉妹である。

　ヘレネは母にて美しく、年ごろになると、ギリシア中の男たちが結婚をもとめてきた。また、愛と美の女神アプロディテも、人間で一番美しいのはヘレネだとみとめた。その美貌がきっかけで、のちに、人間と神々をまきこんだ「トロイア戦争」が勃発した。

はくちょう座

- 漢字名：白鳥座
- 学　名：Cygnus（キグヌス）
- 主　星：デネブ（1.3等級）
　　　　　※夏の大三角のひとつ
- 季　節：夏の星座（20時正中　9月下旬）
- 設定者：プトレマイオス

Data

88星座｜夏の星座｜はくちょう座

夏の星座

神を喰らう大鷲

わし座の神話

○この神話に関係する星座
・ヘルクレス座（54ページ）

ギリシア神話の神々には、それぞれの神を象徴する動植物があり、それらは聖鳥や聖獣などとよばれる。鷲は、最高神ゼウスの聖鳥で、彼自身もしばしば鷲に化ける。「わし座」の鷲は、「みずがめ座」の神話に登場する、美少年ガニメデスをさらった鷲だとされることもあるが、ここでは別の神話を紹介しよう。

人間に味方をした神への罰

あらそいをくりかえす人間たちを神々がみかぎりはじめていたとき、人間を守護した神がいた。その神の名はプロメテウス。大むかし、ゼウスひきいるオリュムポス神族と敵対した、ティタン神族の神である。彼は、その戦争ではゼウスに味方したため、その後もオリュムポス神族の仲間とされていた。

あるとき、獣の肉のわけかたをめぐって、神々と人間が対立する。そのとき、プロメテウスは、神々をあざむいて人間が得をするようにとりはからった。ゼウスは、その細工に気づいて怒り、人間から火をうばいさってしまう。しかし、プロメテウスは、神々がすむ天上からこっそりと火をぬすみだし、人間にかえしてあげたのだった。

ゼウスは激怒した。プロメテウスをさらって岩山に鎖でしばりつけ、野ざらしにした。さらにゼウスは、大鷲を毎日とばして、プロメテウスの肝臓を喰わせたのだ。この大鷲が、のちに「わし座」になったといわれる。

プロメテウスは不死だった。昼間についばまれた肝臓は、夜のうちに再生した。のちに、英雄ヘラクレスにたすけられるまで、彼は連日、この苦痛にたえつづけたという。

わし座

- 漢字名：鷲座
- 学　名：Aquila（アクイラ）
- 主　星：アルタイル（0.8等級）
  ※夏の大三角のひとつ
- 季　節：夏の星座（20時正中　9月上旬）
- 設定者：プトレマイオス

|夏の星座

オルペウスの竪琴
こと座の神話

「こと座」の神話に登場する竪琴は、神ヘルメスがつくったもので、たいへん美しい音色をだした。竪琴は、芸術をつかさどる神アポロンの手にわたり、のちに音楽家オルペウスにさずけられた。

天才音楽家の悲劇

　オルペウスは、天才的な音楽家として、ギリシア中でその名を知られていた。彼は、アポロンからさずかった神の竪琴をかなで、その音色を耳にしたすべてのものを幸福にした。

　オルペウスは、美しい女性エウリュディケと結婚して、しあわせな日々をすごしていた。しかし、ある日、エウリュディケが毒蛇にかまれて死んでしまう。彼は、その死をうけいれられず、妻をとりもどすために決死の覚悟で、死者の国の冥界にはいっていった。

　竪琴をかなでながら、オルペウスは冥界の奥底へとおりていった。冥界の凶暴な怪物たちは、その音色に魅了され、彼を喰い殺すことをわすれてしまう。冷酷で厳格な冥界の王ハデスも心をうごかされ、エウリュディケを地上につれかえることをゆるした。ただし、「冥界をでるまで、けっしてうしろをふりかえってはいけない」という条件をつけたのだ。

　地上へかえるとちゅう、妻がついてきているのか不安になったオルペウスは、ふと、うしろをふりかえった。そこには、たしかにエウリュディケがいた。しかし、つぎの瞬間、彼女は暗闇の中へとひきもどされていった。

　オルペウスは、かなしみと後悔にさいなまれて死んだ。その才能をおしんだゼウスは、彼の竪琴を天にあげて「こと座」をつくった。

こと座

- 漢字名：琴座
- 学　名：Lyra（リラ）
- 主　星：ベガ（0.0等級）
　　　　　※夏の大三角のひとつ
- 季　節：夏の星座（20時正中　8月下旬）
- 設定者：プトレマイオス

Data

夏の星座

アスクレピオスの杖と蛇

へびつかい座・へび座の神話

○この神話に関係する星座
・からす座（44ページ）
・いて座（24ページ）

「へびつかい座」と「へび座」は、もとはひとつの星座だったが、プトレマイオスによって、ふたつにわけて設定された。蛇は、表面が傷ついても脱皮をしてもとどおりになることから、医術の象徴とされた。蛇遣いの男性は、医術の神アスクレピオスをあらわす。

アスクレピオスの誕生

神アポロンは、つまらないかんちがいから、妻のコロニスを矢で射ぬいた。コロニスは、「おなかにいるあなたの子をたすけて」といって死んでしまう。アポロンは、自分のあやまちを知って後悔しながら、妻の体から赤子をとりだしてアスクレピオスと名づけ、ケンタウロス族の賢者ケイロンにあずけた。アスクレピオスは、ケイロンのもとで医術をまなぶ。

名医がこえた一線

成長したアスクレピオスは、神々もみとめる名医になった。さらに、彼は怪物ゴルゴンの血をもちいて、死者を生きかえらせる薬を発明した。彼はその薬をおしげなくつかって、多くの人間の命をすくった。

しかし、その行為は、「人間とは死すべきもの」という絶対的な秩序をやぶるものだった。死者の国を統治する神ハデスは激怒し、さばきをくだすようゼウスにうったえた。ゼウスは、アスクレピオスの才能をおしみながらも、雷でうちくだいて殺してしまった。

その後、アポロンがゼウスにねがいでて、アスクレピオスの罪はゆるされた。アスクレピオスは、もっていた杖と、彼の聖獣である蛇とともに天にあげられて、星座になった。

へびつかい座
- 漢字名：蛇遣座
- 学名：Ophiuchus（オフィウクス）
- 主星：ラスアルハゲ（2.1等級）
- 季節：夏の星座（20時正中 8月上旬）
- 設定者：プトレマイオス

へび座
- 漢字名：蛇座
- 学名：Serpens（セルペンス）
- 主星：ウヌク・エルハイア（2.7等級）
- 季節：夏の星座（20時正中 7月中旬〜8月中旬）
- 設定者：プトレマイオス

|夏の星座|

ヘラクレスの苦難

ヘルクレス座の神話

○この神話に関係する星座
・かに座（14ページ）
・しし座（16ページ）ほか

ヘラクレスは、ギリシア神話でもっとも有名な英雄のひとりで、数々の神話に登場する。彼は、最高神ゼウスと人間の王女アルクメネとの間にうまれたことで、ゼウスの妻である女神ヘラからにくまれつづけた。

女神ヘラににくまれて

ヘラクレスは、ゼウスの妻の女神ヘラからにくまれて、苦難にみちた人生をおくった。その結果、たくさんの偉業をなしとげて、英雄としてたたえられた。皮肉にも、彼の名前は「ヘラの栄光」という意味をもつ。

ヘラクレスは、ヘラの陰謀で、わが子を殺してしまう。その罪をつぐなうためにいどんだ数々の難行は、のちに「12の大業」とよばれて伝説となった。

「12の大業」

ネメアのライオン退治、レルネのヒュドラ退治、ケリュネイアの鹿の捕獲、エリュマントスの猪の捕獲、アウゲイアスの家畜小屋掃除、ステュムパリデスの怪鳥退治、クレタのあばれ牛の捕獲、ディオメデスの人喰い馬の捕獲、アマゾン女王の腰帯の奪取、ゲリュオンの赤い牛の捕獲、ヘリペリデスの黄金のリンゴ採取、冥界のケルベロスの捕獲――ヘラクレスは、これら12の大業を命がけでなしとげた。

その後、ヘラクレスは、猛毒にふれてくるしみ、体に火をつけて自害した。すると、ゼウスは彼の偉業をたたえて、神々の仲間にむかえた。そして、ついにヘラとも和解し、ゼウスとヘラの娘の女神ヘベと結婚した。

ヘルクレス座 Data

- 学　名：Hercules（ヘルクレス）
- 主　星：ラスアルゲディ（3.1等級）
- 季　節：夏の星座（20時正中　8月上旬）
- 設定者：プトレマイオス

|夏の星座

音楽を愛するイルカ
いるか座の神話

「いるか座」の星図の絵は、頭が豚で体が魚という、奇妙なすがたをしている。これは、古星図をえがいた画家が、イルカの正しいすがたを知らなかったためだといわれる。

音楽家アリオン

　コリントス国の宮廷音楽家アリオンは、キターラという楽器の名手で、ギリシア中にその名が知られていた。

　あるとき、ギリシアの音楽家たちをシチリア島にあつめて、音楽のコンクールをひらくことになった。アリオンは、彼がつかえる王の命令で、そのコンクールに参加した。なみいる強豪をおさえ、みごと優勝をおさめた彼は、たくさんの賞金を手にいれて、かえりの船にのりこんだ。

絶体絶命の危機

　船が沖にでると、船員たちがアリオンをとりかこんだ。彼らは、アリオンを殺して賞金をうばおうとしていたのだ。おいつめられたアリオンは、「音楽家らしく死にたいので、最後にキターラをひかせてほしい」とねがいでる。船員たちがゆるすと、アリオンは、美しい音色でキターラをかなではじめた。すると、音色にひかれて、たくさんのイルカがあつまってきた。アリオンは、船からとびおりてイルカの背中にまたがり、危機をだっした。

　アリオンを無事に国におくりとどけたイルカは、その功績をたたえられ、天にあげられて「いるか座」になった。

　一方、アリオンをおそった船員たちは、王によってきびしい罰があたえられた。

いるか座

- 漢字名：海豚座（いるかざ）
- 学　名：Delphinus（デルフィヌス）
- 主　星：スアロキン（3.7等級）
- 季　節：夏の星座（20時正中　9月下旬）
- 設定者：プトレマイオス

Data

58 | りゅう座

■夏の星座

黄金のリンゴを守護する龍

りゅう座の神話

○この神話に関係する星座
・うしかい座(38ページ)
・ヘルクレス座(54ページ)

「りゅう座」の星図の絵は首がひとつだが、神話に登場する龍は、100の頭をもっていたという。その龍は、最高神ゼウスの宝物、黄金のリンゴを守護していた。

黄金のリンゴをまもる龍

最高神ゼウスと女神ヘラが結婚したとき、世界の原初にうまれた大地の女神ガイアは、結婚祝いとして黄金のリンゴがなる木をおくった。ゼウスとヘラはとてもよろこび、ヘリペリデスの園という場所にその木をうえて、100の頭をもつ龍にまもらせた。龍は、200の目をひからせて、いかなるものも園にはいらないよう、役目を忠実にはたした。

そんな中、ヘラクレスは、彼がつかえる王から、11番目の難行を命じられる。

まさかの大失態

その難行とは、黄金のリンゴの採取だった。ヘラクレスは、道中、天をささえる神アトラスと出会う。「自分が天をささえるから、かわりにリンゴをとってきてほしい」とたのむと、アトラスはよろこんでひきうけた。

ヘリペリデスの園にやってきたアトラスは、こっそりと龍をうかがった。すると、100の頭にあるすべての目がとじている。龍は、長年の監視につかれて、うっかりねむっていたのだ。アトラスは、難なくリンゴを手にいれて、ヘラクレスのもとにかえっていった。

大失態をおかした龍に、ゼウスとヘラは罰をあたえなかった。かわりに、長年リンゴを守護した功績として、天にあげて「りゅう座」にした。

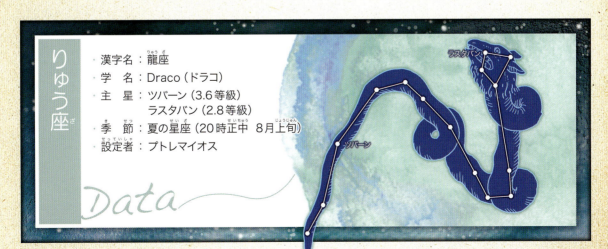

りゅう座

- 漢字名：龍座
- 学　名：Draco（ドラコ）
- 主　星：ツバーン（3.6等級）
      ラスタバン（2.8等級）
- 季　節：夏の星座（20時正中　8月上旬）
- 設定者：プトレマイオス

Data

秋の星座

ベレロフォンと天馬ペガサス

この神話に関係する星座
・アンドロメダ座（62ページ）
・ペルセウス座（66ページ）

ペガスス座の神話

「ペガスス座」は秋を代表する星座で、胴体部分の4つの星は「秋の大四辺形」などとよばれる。神話に登場するペガサスは、胴からはやした翼で空をとぶ、純白の天馬だ。

英雄とともに天をとぶ

ペガサスは、怪物メデューサの血からうまれた。英雄ペルセウスがメデューサの首を切ったときに、血が岩にかかり、そこから翼をもつ純白の天馬ペガサスがあらわれたのだ。

ペルセウスは、ペガサスにのって帰路につき、とちゅう、怪物ティアマトの生贄にされていたアンドロメダ姫をたすけてから、メデューサの首とペガサスを女神アテナにささげた。のちにアテナは、ペガサスをコリントス国の英雄ベレロフォンにさずける。

ベレロフォンの栄光と失墜

美男子で武芸にすぐれた英雄ベレロフォンは、王の命令で、怪物キマイラの退治をすることになった。ペガサスにのったベレロフォンは、上空から鉛の塊をなげつけて、あっけなくキマイラに勝利する。

その後もベレロフォンは、ペガサスとともに数々のたたかいに勝利した。やがて彼は、自分の強さを過信して神の仲間いりをもくろみ、ペガサスにのって天上をめざす。

すべてを見ていたゼウスは、1匹の虻をとばしてペガサスの尻をささせた。おどろいたペガサスは、ベレロフォンをふりおとして天上へとかけあがり、「ペガスス座」になった。

地上におちたベレロフォンは、みじめな晩年をおくったという。

ペガスス座 Data
- 学名：Pegasus（ペガスス）
- 主星：マルカブ（2.5等級）　シェアト（2.4等級）
- 季節：秋の星座（20時正中　10月下旬）
- 設定者：プトレマイオス

秋の星座
生贄にされた姫
アンドロメダ座の神話

○この神話に関係する星座
・カシオペヤ座（64ページ）
・くじら座（68ページ）ほか

「アンドロメダ座」など、いくつかの秋の星座は、おなじ舞台の神話をもつ。その神話は、英雄ペルセウスにまつわるものだ。

化け鯨ティアマト

エチオピア国の王ケフェウスには、美しい妻カシオペアと、さらに美しい、娘のアンドロメダ姫がいた。

あるとき、カシオペアの失言が神の怒りをかい、国が大災害にみまわれる。王は、神の怒りをしずめるために、アンドロメダを怪物ティアマトの生贄にさしだした。

アンドロメダは、海岸の岩に鎖でつながれて、恐怖にふるえながらティアマトをまった。このときのすがたが、のちに天にしるされて「アンドロメダ座」になったという。

英雄ペルセウスあらわる

天馬ペガサスにのった英雄ペルセウスが、退治したばかりの怪物メデューサの首をたずさえて海上をとんでいると、海岸で鎖につながれたアンドロメダを見つけた。エチオピア国王のもとへとんだペルセウスは、事情をきき、姫の救出を約束して海岸にひきかえした。

海がさけて、ティアマトがあらわれた。ペルセウスはペガサスにのってティアマトの顔面にせまり、メデューサの首をつきつけた。メデューサには、目があったものを石にかえる魔力がある。ティアマトは、たちまち石に変化した。

すくわれたアンドロメダは、ペルセウスと結婚した。エチオピアの大災害は、ペルセウスの父ゼウスが、神々をなだめておさめた。

88星座｜秋の星座｜アンドロメダ座

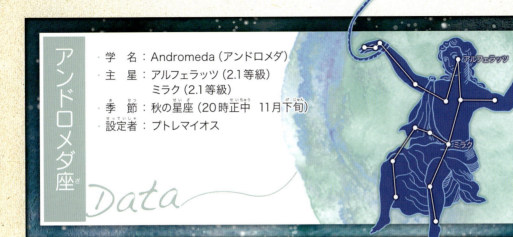

アンドロメダ座

学　名：Andromeda（アンドロメダ）
主　星：アルフェラッツ（2.1等級）
　　　　ミラク（2.1等級）
季　節：秋の星座（20時正中　11月下旬）
設定者：プトレマイオス

Data

64 | カシオペヤ座

■秋の星座

神を怒らせたカシオペア

○この神話に関係する星座
・アンドロメダ座（62ページ）
・ケフェウス座（86ページ）ほか

カシオペヤ座の神話

5つの星をM字またはW字でむすんだ、星座の「カシオペヤ座」。星図の絵では、椅子にすわった王妃カシオペアがえがかれている。

口はわざわいのもと

　エチオピア国の王ケフェウスと、王妃カシオペアには、アンドロメダ姫という自慢の娘がいた。姫の美しさには、両親もほれぼれするほどだった。あるとき、カシオペアは、「海にすむ神の美しい娘たちよりも、アンドロメダ姫のほうがはるかに美しい」といった。それをきいた海の王ポセイドンは激怒し、エチオピア国に洪水や津波をまきおこした。

　王ケフェウスは、ポセイドンの怒りをしずめるための方法を神々にたずねた。神々は、「自慢の姫を怪物ティアマトにさしだせ

ば、怒りはしずまるだろう」とこたえた。王は、国をすくうため、愛娘のアンドロメダを、しぶしぶ生贄にさしだしたのだった。

カシオペアの罰

　王妃カシオペアは、毎日、なげきかなしんだ。しかし、ふいにあらわれた英雄ペルセウスがアンドロメダを救出し、さらに神の怒りをしずめてくれたので、大いによろこんだ。

　ところが、それでおわりではなかった。カシオペアは死後、海神ポセイドンによって椅子にしばりつけられたすがたで、星座にされたのだ。「カシオペヤ座」は、北半球の多くの場所で、水平線の下にかくれることがない。これは、ポセイドンが支配する海の中に、彼女がはいれないようにしたためだという。

カシオペヤ座

Data
- 学　名：Cassiopeia（カッシオペイア）
- 主　星：シェダル（2.2等級）
　　　　　カフ（2.3等級）
- 季　節：秋の星座（20時正中　12月上旬）
- 設定者：プトレマイオス

■秋の星座

英雄ペルセウスの宿命

○この神話に関係する星座
・アンドロメダ座（62ページ）
・くじら座（68ページ）ほか

ペルセウス座の神話

星図にえがかれる男性の絵は、ギリシア神話で活躍する英雄のひとり、ペルセウスだ。左手にもつのは、髪の1本1本が蛇でできた怪物、ゴルゴン3姉妹の三女メデューサである。

不幸なおいたち

アルゴス国の王アクリシオスは、「娘のダナエーがうむ息子に、いつか命をうばわれる」と神から告げられた。おそれた王は、ダナエーを王宮の塔の中にとじこめてしまった。

ある日、最高神ゼウスは、塔の部屋でないていたダナエーに心をひかれ、金の雨に化けてちかづいた。ダナエーは、ゼウスの子を身ごもり、やがて息子ペルセウスをうむ。

すると、王はダナエーとペルセウスを木箱にいれて海にながし、国から追放した。

運命のいたずら

ペルセウスたちは、セリフォス島にながれつき、あらたな生活をはじめた。たくましく成長したペルセウスは、島の王から、怪物メデューサの退治を命じられる。彼は、女神アテナから剣と盾を、神ヘルメスから兜とサンダルをさずかり、それらをつかってメデューサの首を切断し、勝利をおさめた。さらに、その帰路で怪物ティアマトもたおし、美しいアンドロメダ姫と結婚した。

ペルセウスは、母と妻をつれて祖国アルゴスにもどった。それを知った王アクリシオスが逃亡したため、ペルセウスが王座についた。

あるとき、ペルセウスは円盤投げの競技に参加した。彼がなげた円盤は、客席に偶然いたアクリシオスにあたり、その命をうばった。

88星座｜秋の星座｜ペルセウス座

ペルセウス座

・学　名：Perseus（ペルセウス）
・主　星：アルゲニブ（1.8等級）
・季　節：秋の星座（20時正中　1月上旬）
・設定者：プトレマイオス

Data

アルゲニブ

67

68 | くじら座

化け鯨の怪物ティアマト

秋の星座

くじら座の神話

○この神話に関係する星座
・アンドロメダ座（62ページ）
・ペルセウス座（66ページ）ほか

「くじら座」の鯨とは、哺乳類のクジラではなく、ギリシア神話に登場する怪物ティアマトをさす。ティアマトは、古代メソポタミア文明の神話では「母なる海の女神」とされていたが、のちにギリシア神話にくみこまれ、化け鯨の怪物とされた。

災害をまきおこす怪物

エチオピア国の王妃カシオペアが、神をさげすむような発言をした。海を支配する神ポセイドンはそれをきいて激怒し、巨大な海の怪物を、エチオピアの近海におくりこんだ。

怪物の名は、ティアマト。化け鯨ともよばれるそのすがたは、頭は海豹のようで、前足から爪がはえ、巨大な胴体は海豚ににている。

ティアマトは、大きな口に大量の海水をふくみ、一気にはきだした。それは大津波となって、エチオピアの町をおそった。ティアマトが海中であばれると、その余波で、エチオピアの川があふれて大洪水となった。

英雄とのたたかい

アンドロメダ姫が、生贄として海岸に鎖でつながれた。ティアマトは、姫を喰おうと、波をわって海上におどりでた。すると、まちかまえていた英雄ペルセウスが、メデューサの首をつきだした。メデューサの目を正面から見たティアマトは、その魔力によって、たちまち岩になってしまった。

ティアマトは、その後、天にのぼって「くじら座」になった。ティアマトをあわれに思ったポセイドンが、天にあげたのだという。

くじら座 Data

- 漢字名：鯨座
- 学 名：Cetus（ケトゥス）
- 主 星：メンカル（2.5等級）
  ミラ（変光星 2.0〜10.1等級）
- 季 節：秋の星座（20時正中 12月中旬）
- 設定者：プトレマイオス

冬の星座

狩人と女神の悲恋

オリオン座の神話

○この神話に関係する星座
・さそり座（22ページ）

「さそり座」の神話では、狩人オリオンはうぬぼれ屋で暴力的な性格がもとで神の怒りをかい、蠍にさされて「オリオン座」になったと紹介されている。しかし、彼には、女神との恋愛がえがかれた、まったく別の神話もある。

女神アルテミスとの出会い

海神ポセイドンと人間の王女の息子オリオンは、すぐれた狩人で、しかも美男子だった。

狩猟をつかさどる女神アルテミスは、純潔をまもって一切の男性をちかよらせなかったが、狩りの名手であるオリオンだけは気にいり、いっしょに狩りをしたり、弓術について話したりと、よく行動をともにした。そして、ふたりは恋におちた。しかし、その恋愛を、神アポロンはゆるさなかった。

非情なアポロン

神アポロンは、女神アルテミスのふたごの兄だ。彼は、いかなることがあっても妹の純潔はまもられるべきで、恋愛などゆるされないことだとかんがえていた。

ある日、アポロンは、海にはいって沖にでていたオリオンを見つけた。そこでアルテミスをよびだして、「海にうかぶあの黒い影をねらって、弓矢の腕くらべをしよう」ともちかけた。アルテミスは、その黒い影が恋人だと知らず、1発の弓矢で射ぬいてしまった。

やがて、海岸にオリオンの遺体がうちあげられ、アルテミスは真相を知ってなげいた。彼女は、最高神ゼウスにオリオンの復活をねがいでたが、ゼウスはそれをみとめず、かわりに天にあげて「オリオン座」にした。

オリオン座

- 学　名：Orion（オリオン）
- 主　星：ベテルギウス（変光星 0.4〜1.3等級）
  ※冬の大三角のひとつ
  リゲル（重星 0.1／6.8等級）
- 季　節：冬の星座（20時正中 2月上旬）
- 設定者：プトレマイオス

Data

88星座｜冬の星座｜オリオン座

冬の星座

狐と槍と神の猟犬

○この神話に関係する星座
・かんむり座（42ページ）

おおいぬ座の神話

大犬の口に位置するシリウスは、全天でもっとも明るい星だ。この犬は、狩人オリオンの猟犬とする神話もあるが、ここでは、ライラプスという猟犬の物語を紹介しよう。

どんな獲物もにがさない犬

クレタ島の王ミノスは、たくさんの宝物をもっていた。そのひとつ、大きな犬のライラプスは、ねらった獲物をかならずとらえる猟犬で、手先が器用な鍛冶の神ヘパイストスが、最高神ゼウスのためにつくったとされていた。

王の宝物には、神がつくった槍もあった。この槍は、ねらった相手にかならずつきささる、必中の槍といわれていた。

王は、猟犬ライラプスと槍を、以前から好意をよせていた女性にプレゼントした。彼女の夫ケパロスは、「それらをつかって、ちかごろ国中をあらしている狐を退治しよう」と、槍をもってライラプスとでかけた。

ライラプスは、狐を見つけておいまわしたが、ちっともとらえられなかった。じつは、この狐には、絶対につかまらないというまじないが神によってかけられていたのだ。しびれをきらせたケパロスは、狐をねらって、必中の槍をなげた。

それを見ていたゼウスはあわてた。獲物をのがさない犬、絶対ににげる狐、必中の槍、いずれも神の力によるもので、どれがまけても神の威厳にかかわってしまう。そこでゼウスは、槍が命中する前にライラプスと狐を石にかえ、決着がつかないようにしてしまった。

その後、ライラプスはゼウスによって天にあげられ、「おおいぬ座」になった。

おおいぬ座

- 漢字名：大犬座
- 学名：Canis Major（カニス・マヨル）
- 主星：シリウス（－1.5等級）
  ※冬の大三角のひとつ
- 季節：冬の星座（20時正中 2月下旬）
- 設定者：プトレマイオス

Data

|冬の星座

かえらぬ主人をまつ犬
こいぬ座の神話

「こいぬ座」と「おおいぬ座」の2匹の犬は、ともに狩人オリオンの猟犬だったとする神話もある。ここでは、忠実な猟犬メランポスの物語を紹介しよう。

狩人アクタイオンの猟犬

　狩りの名人のアクタイオンは、ある日、猟犬50匹をつれて、森へ鹿狩りにでかけた。メランポスはその猟犬の1匹で、主人アクタイオンに忠実な、とてもかしこい犬だった。

　森の中で、アクタイオンはきれいな泉を見つける。そこには、裸で水あびをしている、すきとおるように美しい女性がいた。

　この美女は、女神アルテミスだった。純潔をまもり、男性をちかづけないアルテミスは、自分の裸を見たアクタイオンに激怒する。

なにも知らないメランポス

　女神アルテミスは、アクタイオンを鹿のすがたにかえた。さらに、彼がつれていた猟犬たちに、その鹿を喰い殺すように命じる。メランポスも、主人が化けたすがただとは知らずに、仲間の犬たちと鹿をおった。あわれなアクタイオンは、自分の猟犬たちにおいたてられ、八つざきにされて死んでしまった。

　猟犬たちはその後、ちりぢりになって森の中へきえたが、メランポスだけは、いなくなった主人のかえりをまって、その場にとどまった。雨の日も風の日も、やせこけて弱っても、メランポスは主人をまちつづけた。

　その忠実さをあわれに思った女神アルテミスのはからいで、メランポスは天にあげられ、「こいぬ座」になったという。

こいぬ座

- 漢字名：小犬座
- 学　名：Canis Minor（カニス・ミノル）
- 主　星：プロキオン（0.4等級）
　　　　　※冬の大三角のひとつ
- 季　節：冬の星座（20時正中　3月中旬）
- 設定者：プトレマイオス

Data

プロキオン

| 冬の星座

神の子がおちた川
エリダヌス座の神話

「エリダヌス座」は、川をかたどった星座だ。この川は、古代メソポタミアではユーフラテス川、ギリシアではナイル川とよばれ、のちにエリダヌス川にあらためられたという。

神アポロンの馬車

パエトンは、神アポロンの息子である。しかし、パエトンの友人たちは、彼が神の子だとしんじてくれなかった。

ある日、パエトンはアポロンの宮殿をたずね、「自分があなたの息子だと証明できるものがほしい」とたのんだ。アポロンは、「それなら、なんでも1つのぞみをかなえてあげるから、それで証明するとよい」とこたえた。

そこで、パエトンは、アポロンの馬車をかしてほしいと、遠慮なくねがいでた。

太陽をひくあばれ馬

アポロンの馬車は、うしろに太陽をひいて、天の黄道を毎日かけぬけている。馬たちはかなり気性があらく、アポロンしかのりこなせない。パエトンは、危険だと反対されたが、「ねがいをかなえると約束した」とゆずらず、アポロンはしかたなく馬車をかした。

パエトンは、アポロンの馬車にのった勇姿を友人に見せつけようと、天空にとびたった。そのとたん、馬たちは黄道をそれて暴走し、ひいていた太陽があたりを火の海にした。

それを見ていたゼウスは、このままでは世界がやきつくされてしまうと思い、雷でパエトンをうち殺した。パエトンの遺体は、天上から落下して、エリダヌス川にしずんだ。この悲劇から、川はのちに星座にされたという。

エリダヌス座 Data

- 学　名：Eridanus（エリダヌス）
- 主　星：アケルナル（0.5等級）
　　　　　クルサ（2.8等級）
- 季　節：冬の星座（20時正中　1月中旬）
- 設定者：プトレマイオス

■冬の星座

戦車を発明した勇者
ぎょしゃ座の神話

星座名の「馭者」とは、馬車をはしらせる人のことをいう。「ぎょしゃ座」の星図にえがかれる男性は、アテナイ国の王エリクトニオスだ。彼は、馬がひく戦車を発明して、戦場で勇猛果敢にたたかった人物だ。

女神アテナの子

女神アテナは、純潔をつらぬき、だれとも結婚しなかった。しかし、あるとき、神ヘパイストスの体液が彼女の足につき、それをぬぐってすてた場所から、赤子が誕生する。アテナは、その赤子をエリクトニオスと名づけ、自分の子として大事にそだてた。

エリクトニオスは、うまれつき足が不自由だったが、手先がきわめて器用で、さまざまなものを発明する才能があった。

チャリオットで戦場を駆ける

エリクトニオスは、たくましく成長した。戦争に参加するようになると、不自由な足をおぎなうために、馬に体をしばりつけて奮戦する。しかし、この方法ではたたかいにくいと思い、4頭の馬がひく戦車「チャリオット」を発明した。彼は、チャリオットを手足のようにあやつり、戦場を自在にかけまわって、大きな戦果をあげた。

エリクトニオスは、女神アテナが守護するアテナイ国の4代目の王になった。彼は、善政をしいて国をもりたて、戦場ではみずからが先陣を切ってたたかい、国民たちからしたわれる名君になった。

彼は死後、そのかがやかしい功績から、神によって天にあげられ、星座になった。

ぎょしゃ座 Data

- 漢字名：馭者座
- 学　名：Auriga（アウリガ）
- 主　星：カペラ（0.1等級）
　　　　　メンカリナン（1.9等級）
- 季　節：冬の星座（20時正中　2月中旬）
- 設定者：プトレマイオス

88星座｜冬の星座｜ぎょしゃ座

80 | りゅうこつ座・ほ座・らしんばん座・とも座

|冬の星座

巨船アルゴ号の大冒険

りゅうこつ座・ほ座・らしんばん座・とも座の神話

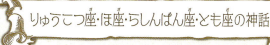

○この神話に関係する星座
・おひつじ座(8ページ)
・ふたご座(12ページ)ほか

4つの星座は、もとは「アルゴ座」というひとつの星座だった。巨船アルゴ号をあらわしたこの星座があまりにも大きかったため、近世になって4つに分割された。星座名の龍骨とは船をささえる背骨の部分、船尾とは船の後部にたつ柱の部分だ。

イアソンと50人の仲間たち

イオルコス国の王子イアソンは、ケンタウロス族の賢者ケイロンから武術と学問をまなんだ若者だ。国にかえった彼は、かねてからの約束どおり、叔父のペリアドから王座をゆずりうけようとした。ところが、ペリアドは、「コルキス国にある金色の羊の毛皮をもちかえったら、王座をかえしてやる」といって、退陣をしぶった。金色の羊の毛皮とは、「おひつじ座」になった羊の毛皮だ。

イアソンは、女神ヘラの協力をえて、巨船アルゴ号をつくった。そして、英雄ヘラクレス、音楽家オルペウス、名医アスクレピオス、ふたごのカストルとポルックスなど、50人の勇者たちを各地でスカウトし、アルゴ号にのって冒険の旅へと船出した。

さまざまな問題を解決しながら、アルゴ号は、はげしい大嵐をたえ、難関の海峡を突破して、ついにコルキス国に到着した。イアソンは、コルキスの王女メディアのたすけをうけて、おそろしい龍がまもる金色の羊の毛皮を手にいれ、アルゴ号で故郷に帰国した。

約束をはたしたイアソンは、叔父のペリアドから王位をとりもどし、王女メディアを妻にむかえた。巨船アルゴ号は、感謝のしるしとして神にささげ、のちに星座となった。

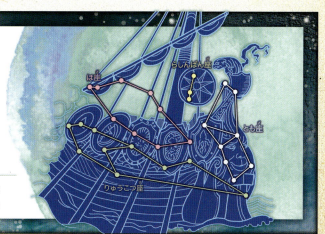

■ りゅうこつ座
 ・漢字名:龍骨座 ・学名:Carina (カリーナ)
■ ほ座
 ・漢字名:帆座 ・学名:Vela (ベラ)
■ らしんばん座
 ・漢字名:羅針盤座 ・学名:Pyxis (ピクシス)
■ とも座
 ・漢字名:船尾座 ・学名:Puppis (プッピス)

・季節:冬の星座 (20時正中 3月中旬~4月上旬)
・設定者:ラカイユ (18世紀のフランスの天文学者)

英雄ヘラクレスの生涯

　英雄ヘラクレスの冒険は、「ヘルクレス座」をはじめとする多くの星座の神話でかたられています。ここでは、波乱にみちたヘラクレスの人生を紹介します。

■英雄ヘラクレスに関連する星座
ヘルクレス座（54ページ）、かに座（14ページ）、しし座（16ページ）、いて座（24ページ）、みずがめ座（28ページ）、うみへび座（34ページ）、ケンタウルス座（36ページ）、わし座（48ページ）、りゅう座（58ページ）、りゅうこつ座・ほ座・らしんばん座・とも座（80ページ）、コップ座（86ページ）、や座（91ページ）

ヘラクレスの誕生

　ヘラクレスは、最高神ゼウスと、ミュケナイの王女アルクメネの間にうまれた。ゼウスの妻ヘラは、他人の子であるヘラクレスをにくみ、赤子のヘラクレスのもとに毒蛇をおくりこんで殺害をはかる。しかし、ヘラクレスは、素手で毒蛇をつかんで撃退した。

　ゼウスは、ヘラクレスを不死身にするために、女神ヘラの母乳をすわせようとしたことがある。ヘラに薬をのませてねむらせたものの、赤子の吸引力の強さで激痛をおぼえてめざめ、激怒してヘラクレスをはらいのけた。そのとき、ヘラの母乳が天にとびちり、ミルキーウェイ（日本でいう「天の川」）ができた。

少年期〜青年期

　ヘラクレスは、おさない頃から超人的な力をもっていたが、短気でもあり、音楽の授業中に、竪琴をなげつけて教師を殺したことがある。青年期には、テバイの王女メガラと結婚し、3人の子をもったが、ヘラの陰謀におとしいれられ、3人のわが子と、弟イピクレスの子を殺してしまった。正気にもどると、自分の行為に愕然とし、妻メガラとわかれて、絶望のうちにテバイをさった。神託の地デルポイで、罪をつぐなう方法を神アポロンにたずねると、「ミュケナイの王エウリュステウスにつかえて、王が課す幾多の難行をなしとげよ」とお告げがあり、それにしたがって行動をはじめた。

12の大業

　ミュケナイの王エウリュステウスは、ヘラの息がかかる人物で、ヘラクレスの命をねらっていた。王は、家来となったヘラクレスに、命がけの難行をあたえつづけた。しかし、ヘラクレスは次々と難行をこなし、最終的には12の難行を達成して、子ども殺しの罪をつぐなった。のちに、ヘラクレスが達成した難行は「12の大業」や「12の功業」とよばれ、そのおこないは神々からもたたえられた。

第1の難行	ネメアのライオン退治

ネメアの森にすむ不死身のライオンを退治した。

第2の難行	レルネのヒュドラ退治

レルネの沼にすむ、9つの首をもつ不死身の大蛇ヒュドラを退治した。

第3の難行	ケリュネイアの鹿の捕獲

女神アルテミスが所有する黄金の角をもつ鹿を1年かけて追跡し、無傷で捕獲した。

第4の難行	エリュマントスの猪の捕獲

エリュマントス山にすむ巨大な人喰い猪を捕獲した。このとき、ケンタウロス族といさかいをおこして、師であるケイロンと、友人になったばかりのポロスをうしなった。

第5の難行　アウゲイアスの家畜小屋掃除
└ エリスの王アウゲイアスが飼っている3000頭の牛の牛小屋を掃除した。そこは30年間掃除されずにいて、ひどい悪臭をはなっていたが、ヘラクレスは川から水をひいてきて、一気に小屋の中をあらいながした。

第6の難行　ステュムパリデスの怪鳥退治
└ 嘴や翼が青銅でできた怪鳥が、ステュムパリデスの森に大挙してすみついたため、女神アテナからさずかった青銅製のガラガラをならしておどろかせ、とびたったところを矢で射おとして退治した。

第7の難行　クレタのあばれ牛の捕獲
└ 海神ポセイドンが、クレタ島の王ミノスを罰するためにおくりこんだ狂暴な牡牛を、素手で捕獲してつれかえった。

第8の難行　ディオメデスの人喰い馬の捕獲
└ トラキアの王ディオメデスが人喰い馬を所有していて、旅人をとらえては馬にたべさせていたため、ヘラクレスはディオメデスを馬に喰わせて殺し、馬はつれかえった。

第9の難行　アマゾン女王の腰帯の奪取
└ 女戦士の種族であるアマゾン族の、女王ヒッポリュテの腰帯をもちかえれという命をうけた。アマゾン族は、他国の強い男とまじわって子をうみ、男子なら殺して、女子なら戦士としてそだてていた。女王ヒッポリュテは、強靭な肉体をもつヘラクレスを気にいり、女戦士たちとまじわることを条件に、腰帯の譲渡を快諾した。しかし、女神ヘラが「ヘラクレスは女王をさらおうとしている」とデマをながしたため、女戦士たちがいっせいにヘラクレスを攻撃。ヘラクレスは、女王を殺して、その腰帯を奪取した。

第10の難行　ゲリュオンの赤い牛の捕獲
└ 世界の果てにあるエリュテイア島にいき、メデューサの血潮からうまれた怪物のゲリュオンを殺して、ゲリュオンが所有する赤い牛を捕獲した。冒険のとちゅう、ある海峡で2本の巨大な柱をうちたてた。そこは、現在のジブラルタル海峡だといわれる。

第11の難行　ヘリペリデスの黄金のリンゴ採取
└ ゼウスとヘラの結婚祝いに、ガイアがおくったリンゴの木から、黄金のリンゴを採取した。リンゴの木は100の頭をもつ龍がまもっていたが、ヘラクレスは、神アトラスを代理にいかせて目的を達成した。

第12の難行　冥界のケルベロスの捕獲
└ 冥界の王ハデスが所有する、3つの首をもつ地獄の番犬ケルベロスを捕獲した。ハデスは、「ケルベロスを傷つけたり殺したりしてはいけない」という条件をつけて、地上へつれだすことをゆるした。

ヘラクレスの最期

　ヘラクレスは、12の大業のほかにも、各地の戦争に参加したり、怪物退治をしたりと、やすむことなく戦闘にあけくれた。彼の貢献によってエーリス国との戦争に勝利した際は、それを記念してオリュムピアにゼウス神殿がたてられ、大々的な競技会を4年に1度もよおすようになった。「オリンピック」は、このときの競技会が由来となっている。

　その後、カリュドンの王女デイアネイラと再婚して、息子のヒュロスをもうけたが、妻の親戚の少年をあやまって殺してしまい、妻と子とともに国をはなれ、トラキアに亡命した。

　オイカリアの国を攻略したヘラクレスは、その戦利品として王女イオレをつれかえった。すると、妻デイアネイラは、ヘラクレスの愛情がイオレにうつってしまうことをおそれ、恋の薬の「ネッソスの血」を、ヘラクレスの下着にぬりこんだ。しかし、「ネッソスの血」はじつは猛毒だったため、ヘラクレスは下着をはいたとたん、股間がやけただれて激痛にあえいだ。惨劇にショックをうけた妻デイアネイラは自害し、ヘラクレスもはげしい痛みにたえかねて、生きたまま火の中にとびこんだ。

　ゼウスは、火の中からヘラクレスをたすけだし、神々の一員にむかえた。神になったヘラクレスは、ゼウスとヘラの娘である女神ヘベと婚約した。女神ヘラは、ヘラクレスが神になることと、娘のヘベと結婚することに猛反対したが、やがてすべてをうけいれ、ヘラクレスと和解した。

◎88星座 その他の星座のなりたち

88星座の半数ほどは、17世紀以降の天文学者によって設定され、これといった神話をもたないものもあります。中には、「ぼうえんきょう座」や「けんびきょう座」など、当時発明されたばかりの道具などをかたどった、ユニークな星座もあります。

✸ いっかくじゅう座

冬の大三角の中央に位置する星座。一角獣とは、馬のようなすがたの動物で、ひたいにとがったほそながい角がある。高尚でかしこく、純潔の乙女だけに騎乗をゆるすという。英語ではユニコーンとよぶ。

・漢字名：一角獣座　・学名：Monoceros（モノケロス）
・設定者：バルチウス（17世紀のドイツの天文学者）　・冬の星座（20時正中 3月上旬）

✸ インディアン座

16世紀の航海家たちがネイティブ・アメリカンをイメージしてこの星座をつくり、のちにバイヤーが設定したとされる。いて座のちかくに位置する。

・学名：Indus（インドゥス）　・設定者：バイヤー（17世紀のドイツの天文学者）
・南半球の星座（20時正中 10月上旬）

✸ うさぎ座

「オリオン座」のそばに位置する、小さな星座。古代ギリシアの時代からあった星座だが、とくに神話はのこされていない。狩人オリオンが好んだ獲物が兎だったことから、「オリオン座」の足もとにおかれたとかんがえられている。

・漢字名：兎座　・学名：Lepus（レプス）
・設定者：プトレマイオス（1～2世紀の古代ローマの天文学者）
・冬の星座（20時正中 2月上旬）

✸ おおかみ座

古代ギリシアの時代には「やじゅう（野獣）座」といわれた星座。リュカオンという残酷な王が、最高神ゼウスの怒りによって狼のすがたにかえられ、のちに天にのぼって星座になったと、ギリシア神話にしるされている。

・漢字名：狼座　・学名：Lupus（ルプス）　・設定者：プトレマイオス
・春の星座（20時正中 7月上旬）

✷ がか座

画架とは、絵をかくときにつかうイーゼルやカンバスなどの絵画の道具のこと。もとは、「三脚台とパレット」という星座名だったという。

- 漢字名：画架座
- 学名：Pictor（ピクトル）
- 設定者：ラカイユ（18世紀のフランスの天文学者）
- 南半球の星座（20時正中 2月上旬）

✷ かじき座

「がか座」のそばに位置し、大マゼラン雲をふくむ。学名はドラドで、「金色のもの」という意味だが、欧米や中国では、シイラや金魚などの金色の魚の星座だとされている。また、日本やフランスでは、カジキの星座となっている。

- 漢字名：旗魚座
- 学名：Dorado（ドラド）
- 設定者：バイヤー
- 南半球の星座（20時正中 1月下旬）

✷ カメレオン座

カメレオンのすがたをかたどった星座。「はえ座」のそばに位置していて、蠅をねらうカメレオンのようにも見える。

- 学名：Chamaeleon（カマエレオン）
- 設定者：バイヤー
- 南半球の星座（20時正中 4月下旬）

✷ きょしちょう座

中南米に生息する、大きなくちばしをもつ鳥の巨嘴鳥をかたどった星座。巨嘴鳥は、日本ではオオハシとよばれる。

- 漢字名：巨嘴鳥座
- 学名：Tucana（トゥカナ）
- 設定者：バイヤー
- 南半球の星座（20時正中 11月中旬）

✷ きりん座

北極星のそばに位置する星座。当初、バルチウスが「らくだ座」として設定したが、のちに出版された星図で「きりん座」とまちがえられ、そのまま現在までつかわれているという。

- 漢字名：麒麟座
- 学名：Camelopardalis（カメロパルダリス）
- 設定者：バルチウス
- 秋の星座（20時正中 2月中旬）

✷ くじゃく座

孔雀のすがたをかたどった星座。中国やインドに生息する孔雀は、大航海時代（15世紀から17世紀）にはとても貴重で人気があったため、星座にかたどられたという。

- 漢字名：孔雀座
- 学名：Pavo（パヴォ）
- 設定者：バイヤー
- 南半球の星座（20時正中 9月上旬）

ケフェウス座

北極星のそばに位置し、一年をとおして観測できる星座。ケフェウスとは、エチオピア王国の王の名前で、ケフェウスの妻は「カシオペヤ座」のカシオペア、娘は「アンドロメダ座」のアンドロメダである。ケフェウスの頭部にある星はガーネットスターとよばれ、赤く美しくかがやく。

・学名：Cepheus（ケフェウス） ・設定者：プトレマイオス ・秋の星座（20時正中 10月中旬）

けんびきょう座

顕微鏡をイメージした星座。顕微鏡は、16世紀末に発明され、18世紀までに大きく発達した画期的な器具。設定者のラカイユは、このような最新の器具をいくつか星座にした。

・漢字名：顕微鏡座 ・学名：Microscopium（ミクロスコピウム）
・設定者：ラカイユ ・秋の星座（20時正中 9月下旬）

こうま座

ギリシア神話では、この小馬は、「ペガスス座」となったペガサスの弟にあたるケレリスという名の馬とされる。ケレリスは、神ヘルメスが「ふたご座」のカストルにあたえたという。

・漢字名：小馬座 ・学名：Equuleus（エクレウス）
・設定者：プトレマイオス ・秋の星座（20時正中 10月上旬）

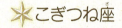

こぎつね座

白鳥座のちかくに位置する、小さな星座。設定者のヘベリウスが発表した星図の絵では、ガチョウをくわえた狐のすがたにえがかれ、当初の星座名は「ガチョウをもった狐」とされていた。

・漢字名：小狐座 ・学名：Vulpecula（ヴルペクラ）
・設定者：ヘベリウス（17世紀のポーランドの天文学者）
・夏の星座（20時正中 9月中旬）

コップ座

台のついた杯のようなコップの形をした星座で、古代メソポタミアの時代からある。このコップの所有者については、予言の神アポロン、英雄ヘラクレス、ぶどう酒の神ディオニュソスなど、さまざまな説がある。また、すぐとなりに位置する「からす座」の神話では、のどのかわいた鳥が「コップ座」の水をおいかけつづけているとされている。

・学名：Crater（クラテル） ・設定者：プトレマイオス
・春の星座（20時正中 5月上旬）

こじし座

「しし座」の獅子によりそう、小獅子をイメージしてつくられた星座。「しし座」と「おおぐま座」の間の空白をうめるために、17世紀につくられた星座で、とくに神話はない。

・漢字名：小獅子座 ・学名：Leo Minor（レオ・ミノル）
・設定者：ヘベリウス ・春の星座（20時正中 4月下旬）

✹ コンパス座

円をえがくコンパスをかたどった星座。2本の定規をイメージした「じょうぎ座」と、三角定規をイメージした「みなみのさんかく座」のちかくに位置している。コンパスや定規は、天体観測時や航海時にかかせない道具である。

・学名：Circinus（キルキヌス）　・設定者：ラカイユ　・南半球の星座（20時正中　6月下旬）

✹ さいだん座

古代ギリシアの時代からある星座。いくつかの神話があり、バベルの塔の頂上にある祭壇、ケンタウロスが生贄をささげる祭壇、最高神ゼウスがリュカイオス山につくった祭壇などとされる。

・漢字名：祭壇座　・学名：Ara（アラ）　・設定者：プトレマイオス
・南半球の星座（20時正中　8月上旬）

✹ さんかく座

三角定規をかたどった星座。古代ギリシアの時代からある星座で、当時は、ギリシア文字のΔ（デルタ）と形がにていることから、デルトトン（デルタ座）という名前だった。また、川の下流にできる地形の三角州もデルタといい、エジプトではこの星座を「ナイル川のデルタ」とよんでいたという。

・漢字名：三角座　・学名：Triangulum（トリアングルム）　・設定者：プトレマイオス　・秋の星座（20時正中　12月中旬）

✹ じょうぎ座

L字型の定規と直定規が、かさなりあった形をしている星座。設定者のラカイユは、もとはこの星座名を「直定規と曲尺」としていたが、のちにまとめて「じょうぎ座」とよばれるようになった。

・漢字名：定規座　・学名：Norma（ノルマ）　・設定者：ラカイユ
・南半球の星座（20時正中　7月中旬）

✹ たて座

ポーランドの天文学者ヘベリウスが、当時のポーランド国王ソビエスキーをたたえてつくった星座で、もとの星座名は「ソビエスキーの楯」だった。ソビエスキーは、外敵から祖国をまもりぬいた勇者で、学問や芸術に理解をしめし、天文学への援助も手あつかったという。

・漢字名：楯座　・学名：Scutum（スクトゥム）　・設定者：ヘベリウス　・夏の星座（20時正中　8月下旬）

✹ ちょうこくぐ座

彫刻をするときにつかう道具の「のみ」と「たがね」をイメージした星座。2本の「のみ」とされることもある。設定者ラカイユは、もとの星座名を「金属彫刻用のみ座」としていた。

・漢字名：彫刻具座　・学名：Caelum（カエルム）　・設定者：ラカイユ　・冬の星座（20時正中　1月下旬）

✴ ちょうこくしつ座

「くじら座」のとなりの空白をうめるためにつくられた星座。もとは「彫刻家のアトリエ」という星座名で、星図では彫刻をするときにつかう台などがえがかれる。

・漢字名：彫刻室座　　・学名：Sculptor（スクルプトル）　・設定者：ラカイユ　・秋の星座（20時正中　11月下旬）

✴ つる座

鶴をかたどった星座。日本では全体を見ることができず、その一部を南の空の水平線付近で観測できる。「つる座」と設定される前は、フラミンゴの星座に見たてる航海家も多かったという。

・漢字名：鶴座　　・学名：Grus（グルス）
・設定者：バイヤー　・秋の星座（20時正中　10月下旬）

✴ テーブルさん座

天の南極付近に位置し、南半球では一年中観測できる星座。南アフリカのケープタウンに実在する「テーブル山」という岩山をかたどっている。テーブル山は、頂上部分が切りとったように平らになっていて、テーブルのように見える山である。

・漢字名：テーブル山座　　・学名：Mensa（メンサ）
・設定者：ラカイユ　・南半球の星座（20時正中　2月上旬）

✴ とかげ座

ヘベリウスは、この星座を設定するとき、トカゲとイモリのどちらにするか、まよったという。古星図では、犬や猫のようなすがたでえがかれているものもあるが、その絵をかいた人物がトカゲを見たことがなかったためとかんがえられている。

・漢字名：蜥蜴座　　・学名：Lacerta（ラケルタ）　・設定者：ヘベリウス　・秋の星座（20時正中　10月下旬）

✴ とけい座

暗い星だけでつくられた星座で、「エリダヌス座」のそばに位置する。17世紀に発明された振子時計をイメージしてつくられた。

・漢字名：時計座　　・学名：Horologium（ホロロギウム）
・設定者：ラカイユ　・南半球の星座（20時正中　1月上旬）

✴ とびうお座

「りゅうこつ座」のそばに位置する、小さな星座。「りゅうこつ座」などの4つの星座をくみあわせた「巨船アルゴ号」の横で、とびはねているようにも見える。

・漢字名：飛魚座　　・学名：Volans（ボランス）　・設定者：バイヤー　・南半球の星座（20時正中　3月中旬）

✳ はえ座

「みなみじゅうじ座」のそばに位置する、小さな星座。となりには「カメレオン座」があり、カメレオンにねらわれている蝿のようにも見える。

- 漢字名：蝿座 ・学名：Musca（ムスカ）
- 設定者：バイヤー ・南半球の星座（20時正中 5月下旬）

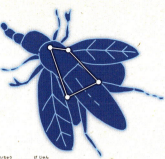

✳ はちぶんぎ座

天の南極にもっともちかい位置にある星座で、南半球では一年中観測できる。八分儀とは、船の位置を知るために星の高度をはかる航海用具のことで、大航海時代によくつかわれた。

- 漢字名：八分儀座 ・学名：Octans（オクタンス）
- 設定者：ラカイユ ・南半球の星座（20時正中 10月上旬）

✳ はと座

鳩のすがたをイメージしてつくられた星座で、のちに、旧約聖書の「ノアの箱舟伝説」に登場する鳩とされるようになった。この伝説の中で、箱舟にのって大洪水を生きのびたノア夫婦が、洪水のようすをしらべるために空にはなったのが鳩である。鳩がオリーブの枝をくわえてもどってきたため、ノア夫婦は、洪水がおさまりつつあることを知ったとされる。

- 漢字名：鳩座 ・学名：Columba（コルンバ） ・設定者：ロワイエ（17世紀のフランスの天文学者）
- 冬の星座（20時正中 2月上旬）

✳ ふうちょう座

「みなみのさんかく座」のちかくに位置する、小さな星座。風鳥とは、極彩色の羽をもつフウチョウ科の鳥のことで、極楽鳥ともよばれる。

- 漢字名：風鳥座 ・学名：Apus（アプス） ・設定者：バイヤー
- 南半球の星座（20時正中 7月中旬）

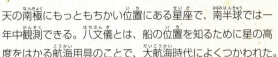

✳ ぼうえんきょう座

暗い星しかなく、目だたない星座。17世紀ごろに発明された望遠鏡をイメージしてつくられた。もとは「天文用の筒」という星座名だった。

- 漢字名：望遠鏡座
- 学名：Telescopium（テレスコピウム）
- 設定者：ラカイユ
- 南半球の星座（20時正中 9月上旬）

✳ ほうおう座

鳳凰とは、ギリシア神話など世界各国の神話や伝説に登場する鳥。500歳の寿命をむかえると、みずから炎にとびこんで再生することから、不死鳥（フェニックス）ともよばれる。

- 漢字名：鳳凰座 ・学名：Phoenix（フェニックス） ・設定者：バイヤー ・南半球の星座（20時正中 12月上旬）

✴ ポンプ座

17世紀ごろに発明された真空ポンプをイメージしてつくられた。暗い星をむすんでつくられた星座なので、夜空ではあまり目だたない。

・学名：Antlia（アントリア）
・設定者：ラカイユ
・冬の星座（20時正中 4月中旬）

✴ みずへび座

星座名の水蛇という動物については諸説あるが、オスのウミヘビや、小さなウミヘビなどとかんがえられている。「エリダヌス座」の星アケルナルのそばに位置する。

・漢字名：水蛇座
・学名：Hydrus（ヒドルス）
・設定者：バイヤー
・南半球の星座（20時正中 12月下旬）

✴ みなみじゅうじ座

「南十字星」や「サザンクロス」ともよばれる。明るい星をむすんでつくられた見つけやすい星座で、大航海時代の船乗りたちが航海の目印にしたことでも有名。付近にコール・サック（石炭袋）とよばれる暗黒部分があり、となりには宝石箱とよばれる散開星団がある。また、すぐちかくに、よくにた形の「にせじゅうじ」とよばれる星のならびがある。

・漢字名：南十字座　・学名：Crux（クルックス）　・設定者：ロワイエ
・南半球の星座（20時正中 5月下旬）

✴ みなみのうお座

「みなみのうお座」と「うお座」でかたられる神話は、まったくおなじだ。星図の絵にかかれる魚は、女神アプロディテもしくは神エロスが化けたすがた。秋の夜空でもっとも明るい星のフォーマルハウトは、魚の口の部分に位置する。

・漢字名：南魚座　・学名：Piscis Austrinus（ピスキス・アウストリヌス）
・設定者：プトレマイオス　・秋の星座（20時正中 10月中旬）

✴ みなみのかんむり座

古代ギリシアの時代からある星座で、「かんむり座」とにた形をしている。「いて座」のすぐちかくに位置することから、射手の冠、ケンタウロスの冠などとよばれることもある。

・漢字名：南冠座　・学名：Corona Australis（コロナ・アウストラリス）
・設定者：プトレマイオス　・夏の星座（20時正中 8月下旬）

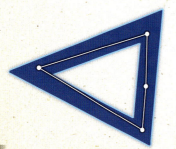

✴ みなみのさんかく座

三角定規をイメージしてつくられた星座。「コンパス座」のとなりに位置する。

・漢字名：南三角座　・学名：Triangulum Australe（トリアングルム・アウストラレ）
・設定者：バイヤー　・南半球の星座（20時正中 7月中旬）

✷や座

古代ギリシアの時代からあり、「わし座」と「こぎつね座」の間に位置する、小さな星座。英雄ヘラクレスがつかった矢、または、愛の神エロス（英語名：キューピッド）の矢とされる。

・漢字名：矢座　・学名：Sagitta（サギッタ）
・設定者：プトレマイオス
・夏の星座（20時正中　9月中旬）

✷やまねこ座

とても暗い星座で、ヤマネコのようなよい目でないと見られないことから、この名がつけられたともいわれる。この星座を「虎」と名づけた天文学者もいたという。

・漢字名：山猫座　・学名：Lynx（リンクス）
・設定者：ヘベリウス
・春の星座（20時正中　3月中旬）

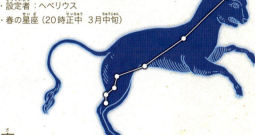

✷りょうけん座

「うしかい座」の男がつれている、2匹の猟犬をイメージした星座。北側の犬はアステリオン、南側の犬はカーラという名前がついている。牛飼いの男は、神アトラスとする説のほか、「こぐま座」になった青年のアルカスだとする説もある。

・漢字名：猟犬座　・学名：Canes Venatici（カネス・ヴェナティキ）
・設定者：ヘベリウス　・春の星座（20時正中　6月上旬）

✷レチクル座

「とけい座」のそばに位置する、小さなひし形の星座。このレチクルとは、望遠鏡の照準器（ファインダー）につけられた網線や十字線のこと。

・学名：Reticulum（レティクルム）　・設定者：ラカイユ
・南半球の星座（20時正中　1月中旬）

✷ろ座

化学実験などで器具を加熱するための「炉」をイメージした星座。「エリダヌス座」の中央付近の空白をうめることを目的に設定された星座で、星をむすんだ線を炉に見たてるのはむずかしい。

・漢字名：炉座　・学名：Fornax（フォルナックス）
・設定者：ラカイユ　・冬の星座（20時正中　12月下旬）

✷ろくぶんぎ座

六分儀とは、船の位置を知るために星の高度をはかる道具で、八分儀よりも大きな角度をはかることができる。もとの星座名は「ウラニアの六分儀」といい、ギリシア神話に登場する、天をつかさどる女神ウラニアがつかった六分儀とされていた。

・漢字名：六分儀座　・学名：Sextans（セクスタンス）
・設定者：ヘベリウス
・春の星座（20時正中　4月中旬）

太陽・月・惑星の神々

　ギリシア神話のおもだった神々は、星座ではなく、太陽や月や惑星にあてはめられました。太陽・月・水星・金星・火星・木星・土星は古代から観測されてきた星で、天王星・海王星・冥王星は望遠鏡の技術が発達した近代に発見された星です。

太陽　■Sun（サン）

アポロン　■予言、芸術、医術の神　■ローマ神話名：アポロ　■英語名：アポロ

太陽のようにかがやかしい美しさをもち、未来を見とおす予言の力をもつ神。最高神ゼウスと女神レトの息子で、女神アルテミスのふたごの兄。「エリダヌス座」の神話では、太陽をひく馬車にのって黄道をかけぬけているとされる。

月　■Moon（ムーン）

アルテミス　■狩猟と弓術の女神　■ローマ神話名：ディアナ　■英語名：ダイアナ

狩猟と弓術をつかさどる女神。ゼウスと女神レトの娘で、アポロンのふたごの妹。夜空を移動する月は、アルテミスがのっている銀の車で、「オリオン座」となった恋人のオリオンにも、この銀の車で会いにいくという。もとは、女神セレネ（ローマ神話名：ルナ）が月の女神とされていたが、のちにアルテミスと同一視された。

水星　■Mercury（マーキュリー）

ヘルメス　■商人、旅人、盗人の神　■ローマ神話名：メルクリウス　■英語名：マーキュリー

商人、旅人、盗人をつかさどる神。ゼウスと精霊マイアの息子。機転がきいて口がうまく、問題を解決する能力にすぐれていたため、ゼウスをはじめとする神々の使者として活躍した。水星は、太陽系のもっとも内側をまわっている惑星で、太陽光の影響で観測がむずかしく、天での見かけのうごきもはやいことから、機敏な神ヘルメスとされた。

金星　■Venus（ヴィーナス）

アプロディテ　■愛と美の女神　■ローマ神話名：ウェヌス　■英語名：ヴィーナス

愛と美をつかさどる女神。ギリシアの女神たちの中で、もっとも美しいといわれる。愛の神エロスを息子にもつ。原初の神である天空神ウラノスの体の一部からうまれた。金星は、とても明るくて美しいことから、アプロディテ自身であるとされた。日本でも、金星は「宵の明星」や「明けの明星」などとよばれ、古来からしたしまれている。

火星　■Mars（マーズ）

アレス　■戦争の神　■ローマ神話名：マルス　■英語名：マーズ

攻撃を好む、戦争の神。ゼウスと女神ヘラの息子。ギリシア神話では、暴力的で思慮にとぼしく、戦争ではまけてばかりの神だったが、その神話をうけついだローマ神話では、戦勝をよびこむ神として崇拝された。赤くかがやく火星は、戦乱をもたらす星とされたことから、戦争の神アレスの星といわれた。

木星　Jupiter（ジュピター）

ゼウス
- 最高神　■ローマ神話名：ユピテル　■英語名：ジュピター

神々の頂点にたち、世界を支配する最高神。結婚の女神ヘラを妻にもつ。さまざまな女性との間にたくさんの子どもをもうけ、アテナ、アレス、アポロン、アルテミス、ヘルメス、ディオニュソスなどの神々や、英雄のヘラクレスやペルセウスなどがうまれた。ゼウスは、父のクロノスと対立し、クロノスひきいるティタン神族との戦争に勝利して世界の支配権をうばった。ゼウスがひきいた神々は、オリュムポス神族とよばれる。木星が太陽系最大の惑星だとわかったのは望遠鏡の技術が発達した近代以降だが、とても明るくて季節や時間をとわず観測しやすく、ギリシアの占星術でも重要な意味をもっていたために、木星がゼウス自身をあらわす星になったという。

土星　Saturn（サターン）

クロノス
- 原初の世界の最高神　■ローマ神話名：サトゥルヌス　■英語名：サターン

天空の神ウラノスと、大地の女神ガイアの息子。原初の世界で、父ウラノスを追放して世界を支配し、のちにゼウスにやぶれるまで神々の頂点にたっていた。そのゼウスは、クロノスの息子である。土星は、古代ギリシアではもっとも遠くにある惑星とかんがえられ、天での見かけのうごきもおそいことから、年老いたクロノスの星とされた。

天王星　Uranus（ウラヌス）

ウラノス
- 原初の世界の天空神　■ローマ神話名：ウラノス　■英語名：ウラノス

原初の世界にうまれた天空神。世界を支配していたが、息子のクロノスに追放された。そのとき、切りとられた体の一部が海におちて、愛と美の女神アプロディテがうまれた。天王星が太陽系の惑星だとわかったのは18世紀以降で、当時の天文学者たちがさまざまな名前をつけたが、ギリシアの神ウラノスからつけたこの名が最終的に定着した。

海王星　Neptune（ネプチューン）

ポセイドン
- 海を支配する神　■ローマ神話名：ネプトゥヌス　■英語名：ネプチューン

世界の海を支配する神。ゼウスの兄。海の天候を自由にあやつることができる。気性が荒くて執念ぶかいため、「カシオペヤ座」の神話では、彼を激怒させたカシオペアに対し、死後にきびしい罰をあたえている。海王星は、19世紀に惑星だと判明している。青く美しい星であることから、海の支配者ポセイドンの名がつけられたともされる。また、海王星の衛星トリトンは、ポセイドンの息子のトリトンから名づけられた。

冥王星　Pluto（プルート）

ハデス
- 冥界を支配する神　■ローマ神話名：プルト　■英語名：プルートウ

死後の世界である「冥界」を支配する神。ゼウスとポセイドンの兄。女神ペルセポネを強引に妻にした「おとめ座」の神話や、名医アスクレピオスをゼウスに殺させた「へびつかい座」の神話など、非情で冷酷な性格をものがたるエピソードが多い。冥王星は、20世紀に太陽系の惑星として発見され、ハデスをあらわすプルートと名づけられた。2006年、国際天文学連合の会議で、冥王星は惑星ではなく、準惑星であると決議された。

88星座 意外なエピソード

　88星座は、その半数が紀元前から存在していたものです。それが長い年月をへて、20世紀になってから、今の88星座に正式に決定されました。長年の経緯もあって、あいまいな部分があったり、意味や解釈がかわったりしているものがあります。ここでは、いくつかの意外なエピソードを紹介します。

星座の形や星の数は本によってちがう

　国際天文学連合が1928年にきめたのは、88の星座とその学名、星座を区切る天の境界線だけでした。つまり、境界線の中にふくまれる星のすべてがその星座ということになります。また、星と星をむすぶ線も存在しません。
　星座の本や図鑑を見くらべてみると、星座の星の数や、星と星をむすぶ線の引きかたにちがいがあります。これは、正式にきまっていないため、それぞれの本をつくるときの方針や解釈のちがいによるものです。同様に、「春の星座」や「夏の星座」といった星座の季節も正式なきまりがないため、東京で見ごろとなるおおよその季節を、それぞれの本や図鑑で区分しています。

星図の絵にはきまりがない

　本やプラネタリウムなどで目にする星座の絵も、じつはきまりがありません。星座の絵は、17世紀から19世紀にかけて、ドイツ・フランス・オランダ・イギリスなどで、さまざまな画家や天文学者によって自由にえがかれました。これらの絵が、とくに正式なきまりがないまま、現在でもバラエティーゆたかにつたえられています。
　この本では、おもにジョン・フラムスチード（1646〜1719）がかいた星座の絵を参考に、現代の星の位置にあわせて描きおこしています。フラムスチードは、イギリスの天文学者で、グリニッジ天文台の初代天文台長をつとめた人物です。彼の星図と星座の絵は、近代的な解釈でえがかれていることもあり、世界中でひろく採用されました。プラネタリウムなどの星座の絵も、多くがフラムスチードの作品をもとにしているようです。

誕生星座は誕生日に見えない

　黄道12星座は、誕生星座ともいわれ、星うらないなどでつかわれます。ところが、誕生星座の見ごろは、それぞれにあてはめられた誕生日の時期ではありません。古代メソポタミアでつくられ、ギリシア文明につたえられた黄道12星座は、うまれた日に太陽とおなじ位置にある星座が誕生星座に設定されたため、その星座が空にのぼるのは、夜ではなく真昼になります。
　現在では、誕生星座が設定された当時とは時期がずれています。これは、地球の自転の際差運動によるものです。際差運動とは、コマ回しのコマにおける首ふり運動のようなものです。地球の自転軸が公転面に垂直な軸に対して23.4度かたむいていますが、そのかたむきは、2万6000年をかけて円を1周するように回転しています。このことにより、夜空に見える星座の位置や時期は、長い年月で変化しているのです。

■ 誕生星座の誕生日と20時正中の時期

- ★ おひつじ座／3月21日〜4月19日／12月下旬
- ★ おうし座／4月20日〜5月20日／1月下旬
- ★ ふたご座／5月21日〜6月21日／3月上旬
- ★ かに座／6月22日〜7月22日／3月下旬
- ★ しし座／7月23日〜8月22日／4月下旬
- ★ おとめ座／8月23日〜9月22日／6月上旬
- ★ てんびん座／9月23日〜10月23日／7月上旬
- ★ さそり座／10月24日〜11月22日／7月下旬
- ★ いて座／11月23日〜12月21日／9月上旬
- ★ やぎ座／12月22日〜1月19日／9月下旬
- ★ みずがめ座／1月20日〜2月18日／10月下旬
- ★ うお座／2月19日〜3月20日／11月下旬

第2章
世界各地の星の伝説

国際天文学連合がきめた88星座のほかにも、
星の伝説は、世界各地にのこされています。
さまざまな土地にくらす人々は、古代から、
星座をつくって生活の役にたてたり、
信仰の対象にしたりしてきました。
また、人々は星に物語をつけて、夜空にロマンをもとめました。
物語のひとつひとつに、文明や民族ごとにまるでちがう、
個性たっぷりな世界観がもりこまれています。

世界各地の文明と星

古代の人々は、さまざまな目的から星を観察しました。その目的は、季節や時刻を知るため、方角を知るため、信仰のため、うらないのため、学問のためなど、文明や地域によってさまざまでした。

メソポタミア文明

紀元前3500年以降に中近東でさかえた、シュメール人やアッカド人などの農耕民族による文明。メソポタミアとは「ふたつの川の間」という意味で、その川はチグリス川とユーフラテス川をさす。世界最古の文字といわれる「くさび形文字」をつかい、メソポタミア神話とよばれる神話をしるしたり、天文観測の記録などをつけたりした。

今につたわる「黄道12星座」「北斗七星」「オリオン座」などの星座の原形や、1日は24時間、1週間は7日、1年は12か月といった暦がつくられた。イラクに現存するジッグラドというメソポタミアの遺跡は、星や月などの天文観測をしていた施設だとかんがえられている。

エジプト文明

紀元前に、およそ3千年もの長期間さかえた文明。『ヘリオポリス神話』『メンフィス神話』『ヘルモポリス神話』などのさまざまな神話があり、それぞれにたくさんの神々が登場する。多くの神話で、最高神は太陽（例：「太陽神ラー」など）とされ、太陽そのものが信仰された。ファラオなど、人間の王たちも、みずからを太陽の化身や、太陽の息子であるとして、その権威をしめした。

太陽の観測を中心に天文学が発達し、その研究は象形文字の「ヒエログリフ」でしるされた。この文明で、1年を365日、1日を24時間とする「太陽暦」が考案され、これが現代の暦の基礎となっている。また、「おおいぬ座」の星シリウスの位置で、ナイル川の氾濫時期を把握していたとされている。

中央アメリカの古代文明

紀元前12世紀頃にメキシコ湾岸でさかえたオルメカ文明は、金星のうごきかたをくみこんだ複雑な暦を発明したとかんがえられている。

マヤ文明は、オルメカ文明をうけついで、4世紀頃〜14世紀頃にメキシコ南東部のユカタン半島を中心にさかえた。天体観測の技術に長け、現代の暦にも匹敵する正確な計算技術をもっていたとされる。世界遺産に登録されているメキシコのチチェン・イッツァはマヤ文明の遺跡で、ドーム型の天文台をそなえている。

アステカ文明は、12世紀頃〜14世紀頃にメキシコ中央部のメキシコ高原を中心にさかえた。アステカ神話の主要な神は、太陽や金星だとされている。

インカ文明は、西暦1200年頃〜1533年に南アメリカ西部のアンデス高原にさかえた。インカ神話の最高神は太陽で、太陽が世界を創造したとされる。また、太陽神の妻は、月の女神だという。

古代インド

紀元前13世紀頃にひろまったバラモン教と、紀元前500年頃にバラモン教をうけついでひろまったヒンドゥー教には、数千におよぶといわれる神々が存在する。その神々が、月や星にあてはめられた神話にもなっている。

古代インドにも、88星座の黄道12星座にあたる、「ナクシュトラ」とよばれる27（または28）の星座がある。ナクシュトラとは、月の神ソーマの妻たちの総称で、月であるソーマは、毎日順番に、それぞれの妻のもとに宿泊しているのだという。

古代中国

中国では古代から暦が発達し、太陽のうごきをもとにした「太陽暦」と、月のうごきをもとにした「太陰暦」、さらにそのふたつをくみあわせた「陰陽暦」が考案されていた。

天文学としての天体研究も詳細におこなわれ、天の星座を28にわけた「二十八宿」がつくられた。二十八宿の星座は、七宿ごとに東西南北の4つの方角にわけられ、東には青龍、北には玄武、西には白虎、南には朱雀という聖獣があてはめられている。

日本

日本の天文学は、古くに中国からつたえられたもので、遺跡や古文書に「二十八宿」がしるされたものがある。奈良県明日香村のキトラ古墳は、7世紀末～8世紀末につくられた円墳で、内部にある石室の天井には中国の星座がえがかれている。

日本における天体観測として、『続日本紀』（平安時代の歴史書）には夜空の観測記録、『吾妻鏡』（鎌倉時代の歴史書）には月や星やハレー彗星を観測した記録などがある。また、平安時代には、陰陽道や宿曜道などでつかわれる占星術が発達したとされる。

『古事記』（712年に成立した歴史書）や『日本書紀』（720年に成立した歴史書）にしるされた神話には、太陽神のアマテラスや、月の神のツクヨミが登場する。アマテラスが岩屋にかくれて世界が闇につつまれたという「天岩戸隠れ」の神話は、太陽の全体が月の影にかくれるという天体現象の「皆既日食」をあらわしているという説もある。

■ 星と星座の日本のよび名

日本には、星と星座の独自のよび名が多数あります。ここでは、その一例を紹介します。

★ 北斗七星
ななつぼし、ひしゃくぼし、かじぼし、四参のほし

★ 北極星
ひとつぼし、やらいぼし、みょうけんさま

★ からす座
よつぼし、かわはりぼし、つくえぼし、はかまぼし

★ かんむり座
くびかざりぼし、たいこぼし、からかさぼし

★ さそり座
うおつりぼし

★ こと座
おりひめぼし、うりばたけ

★ わし座
ひこぼし、いぬかいぼし

★ カシオペヤ座
やまがたぼし、いかりぼし、ごようのほし

★ おうし座
すばる、むつらぼし

★ オリオン座
みつぼし、つづみぼし、平家ぼしと源氏ぼし

織姫と彦星 七夕の物語

日本・中国の伝説

日本全国で有名な、7月7日の七夕伝説。織姫星は「こと座」のベガ、彦星は「わし座」のアルタイルだ。この伝説は、もとは中国の織女（織姫）と牽牛（彦星）の物語で、奈良時代以前に日本につたわり、日本の「棚機」という行事とむすびついて、ひろく定着した。

1年に1日だけの再会

　天女の織姫は、機おりが得意で、天の王様の天帝が身につける着物を毎日熱心におりつづけていた。天帝は、「まじめにはたらく織姫には、男性と恋をする時間もないだろう」と不憫に思い、恋人をさがしてあげた。天帝が見つけたのが、牛飼いの青年の彦星だ。彦星も、織姫とおなじように、とてもまじめなはたらきものだった。

　天帝のはからいで出会ったふたりは、ひと目でおたがいを気にいり、すぐに恋人になった。それから、ふたりは毎日なかよくすごしたが、少しも仕事をしなくなってしまう。怒った天帝は、天の川をはさんで、ふたりをはなればなれにしてしまった。

　彦星とわかれた織姫は、毎日なきくらして、仕事がまったくはかどらなかった。かわいそうに思った天帝は、「7日に1日だけ会ってよい」とゆるしをだした。しかし、伝言役のカラスが「7月7日だけあってよい」とまちがえたため、織姫と彦星は、1年に1日だけ会うようになったという。

　7月7日、ふたりは天の川をわたって、1年ぶりの再会をはたす。雨がふって天の川がわたれないときは、カササギがとんできて橋をつくり、ふたりをわたしてあげるという。

Data

■ 織姫星
- ベガ ＜こと座（50ページ）の星＞
- 夏の星（こと座の20時正中 8月下旬）

■ 彦星
- アルタイル ＜わし座（48ページ）の星＞
- 夏の星（わし座の20時正中 9月上旬）

浦島太郎と童子たち
日本の伝説

昔話の「浦島太郎」は、8世紀頃にしるされた『古事記』の神話がもとになっているとされる。その後につくられた『丹後国風土記』にも、おなじような伝説がしるされているが、それには、すばる星（すばる／プレアデス星団）と、あめふり星（ヒアデス星団）が登場する。そして、神の世界は、星がしずむ海の下にあるとされている。

神の世界へいった浦島

浦島という青年が、小舟で海づりをしていると、ふいに五色の亀をつりあげた。亀は美しい娘に変化して、「あなたとずっと一緒にいたい」といった。浦島も娘を気にいり、娘がすんでいるという宮殿へと同行した。

宮殿の門の前で浦島がまたされていると、7人の童子が浦島を見にやってきて、その後、8人の童子もやってきた。やがて娘がもどってくると、「あなたを見にきた7人の童子はすばる星、8人の童子はあめふり星です。どうかあやしまないで」と説明した。それをきいた浦島は、ここは神々がくらす海の下の世界で、この娘は女神なのだとさっした。

娘の家族に気にいられた浦島は、宮殿で楽しくすごし、娘と愛をはぐくんだ。3年後、浦島が故郷にもどる決意をすると、娘は「ここにもどりたくなったら、これをにぎってください。けっしてあけてはいけません」と、化粧道具をいれる玉手箱をわたした。

浦島が故郷にもどると、彼が旅だってから、300年が経過していた。われをうしなった浦島は、娘との約束をわすれて玉手箱をあけた。すると、彼の若さが空のかなたへとびさった。

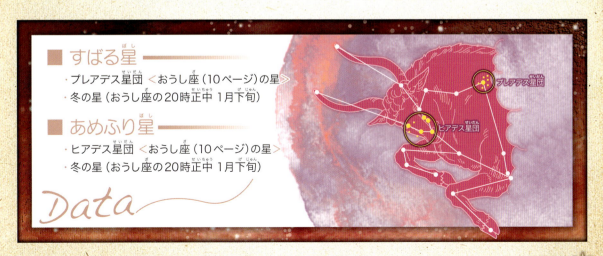

■ **すばる星**
- プレアデス星団 ＜おうし座（10ページ）の星＞
- 冬の星（おうし座の20時正中 1月下旬）

■ **あめふり星**
- ヒアデス星団 ＜おうし座（10ページ）の星＞
- 冬の星（おうし座の20時正中 1月下旬）

Data

徳蔵と子の星

日本の民話

「北極星」がまったくうごかない星だとする神話や伝説が、世界各地にある。しかし、関西地方につたわるこの民話では、北極星がわずかにうごくことがつたえられている。日本では、北極星のことを、北の方角をあらわす「子」の字をとって、子の星とよんでいた。

船のり徳蔵

江戸時代の大坂の船頭に、桑名屋徳蔵という男がいた。徳蔵は腕のいい船のりで、とくに夜の航海を得意としていたため、荷物の運搬など、たくさんの仕事をまかされていた。まわりの船のりたちは、岩場があったり妖怪がでたりと危険な夜の航海を、徳蔵がどうしてこなせるのか、いつもふしぎに思っていた。

その秘密は、星の位置にあった。徳蔵はとても星にくわしく、北の空でうごかない子の星を手がかりにして、海上での正確な位置をつかむ方法をあみだしていた。徳蔵は、このことを妻にしかおしえなかった。

ある夜、徳蔵の妻は、子の星の位置がいつもとちがうことに、ふと気がついた。そこで、彼女は障子に穴をあけ、じっと子の星を観察しつづけた。すると、うごかないはずの子の星が、一晩のうちにほんの少しだけうごいていることをつきとめた。

その事実を妻からきいた徳蔵は、はじめはしんじなかったが、じっさいに妻とともに一晩観察してみて、たしかにほんの少しうごいていることをみとめた。

徳蔵は、この発見をした妻に感謝しつつ、やはりほかの船のりにはひみつにして、さらにたくみに船をあやつるようになったという。

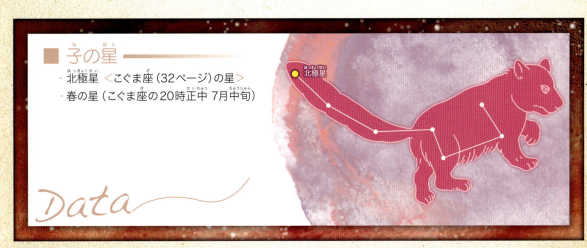

■ 子の星
- 北極星 ＜こぐま座（32ページ）の星＞
- 春の星（こぐま座の20時正中 7月中旬）

Data

※現在の「大阪」は、江戸時代には「大坂」と表記されていた。

神サマエンの七つ星

アイヌの神話

北海道地方のアイヌ民族に、「北斗七星」にまつわる、「サマエン・ノチウ」という神話がつたえられている。「サマエン」とは神の名前、「ノチウ」とは星という意味だ。

サマエンと熊

神サマエンは、わが目をうたがった。おなじ神である熊が、くだらない宝をあつめ、毒の酒をのんでいるではないか。まるで、おろかであさましい人間のようだ。

サマエンの犬が、熊にむかってほえた。酒によった熊は、犬をたたきつぶして殺し、その死体を喰った。サマエンは激怒し、「おまえも神なのに、なぜそんな悪い心をもったのだ」と熊につめよった。すると、熊はいきなり、サマエンをなぐりたおした。

天空の大追跡

サマエンは気絶していたが、とおりかかった美しい娘に水をのませてもらい、力をとりもどした。そして、熊のあとをおって、山にはいっていった。

山奥で、サマエンは熊においついた。熊は、口にくわえていたオヒョウの木の枝を、地面においた。すると、その枝がずんずんと成長して木になり、雲の上までのびていく。

その木にのぼってにげる熊を、サマエンはおった。そして、雲の上でおいついて、「なぜそんなにも悪い心になってしまったのだ」とさけんだ。しかし、熊はこたえずに、翼をはやして空のかなたへととびさった。

のこされたサマエンは、かなしそうに天にのぼり、かがやく七つ星になった。

■ サマエンの七つ星
- 北斗七星 〈おおぐま座（32ページ）の星〉
- 春の星（おおぐま座の20時正中 5月上旬）

Data

106 | 沖縄

むりかぶしの大事な仕事

沖縄の民話

沖縄地方に、プレアデス星団（すばる）にまつわる民話がある。ここに登場するのは、群をなす星のむりかぶし（プレアデス星団）、北の七つ星（北斗七星）、南の七つ星（みなみじゅうじ座）だ。

島をおさめる役目

ある南の島に、農民たちがくらしていた。農民たちは、海賊にたびたびおそわれ、まずしくてくるしい生活をしていた。

それを見かねた天の王は、北の七つ星に、この島をおさめてゆたかにするように命じた。すると、北の七つ星は、自分には無理だといってことわった。天の王は怒って、北の七つ星を空の端においやった。

つぎに、天の王は、南の七つ星に島の統治を命じた。すると、南の七つ星も、無理だといってことわった。怒った天の王は、南の七つ星も空の端においやった。

星の群のむりかぶし

天の王が激怒し、星々がおびえていると、小さな星の群のむりかぶしが「その仕事を私にやらせてください」ともうしでた。天の王はとてもよろこび、島全体が見わたせるようにと、天の真ん中をとおることをゆるした。

むりかぶしは、天の真上を毎晩とおって、農民たちに季節を知らせた。農民たちは、むりかぶしを見て種まきや稲刈りなどの時期を知り、やがてたくさんの農作物を収穫するようになった。島はゆたかになって人がふえ、海賊がよりつかなくなったという。

- ■ むりかぶし
  - プレアデス星団 ＜おうし座（10ページ）の星＞
  - 冬の星（おうし座の20時正中 1月下旬）
- ■ 北の七つ星
  - 北斗七星 ＜おおぐま座（32ページ）の星＞
  - 春の星（おおぐま座の20時正中 5月上旬）
- ■ 南の七つ星
  - ＜みなみじゅうじ座（90ページ）＞
  - 南半球の星座（20時正中 5月下旬）

※「南の七つ星」は、みなみじゅうじ座ではないとする説もある。

寿命をつかさどる仙人

中国の伝説

中国に、「おおぐま座」の北斗七星と、「いて座」の南斗六星にまつわる伝説がある。北斗七星と南斗六星は、人間の生死と、ふかい関係がある星だという。

短命な運命の若者

魏の国に、管輅といううらない師がいた。あるとき、管輅は、畑仕事をしている若者を見つけて、「かわいそうだが、20歳まで生きられないだろう」と告げた。若者とその父親は、管輅にとりすがって、「どうか命をのばす方法をおしえてください」とたのんだ。管輅は、「生死は人間の力のおよばないものだ」とことわったが、それでも親子があきらめないので、しかたなく「上等な酒と鹿の干し肉をもって、南にあるクワの大木のもとにいき、そこにいる老人にさしあげなさい」とおしえた。

若者が、いわれたとおりにクワの大木のもとにいくと、ふたりの老人が碁をうっていた。若者が酒と干し肉をさしだすと、老人たちは碁をうちながら、それを口にはこんだ。

やがて碁をうちおわると、北側の老人が「なぜここに来た」と若者をしかった。すると、南側の老人が「でも、われらはただでのみくいをした」といい、帳面をとりだした。

帳面には、たくさんの名前と数字が書いてある。老人は、その中から若者の名前をさがし、十九とかいてある部分をくるりとひっくりかえして九十にかえ、「これでおまえは90歳まで生きられるぞ」といった。

じつは、北側の老人は、死をつかさどる北斗七星の精で、南側の老人は寿命をつかさどる南斗六星の精だったという。

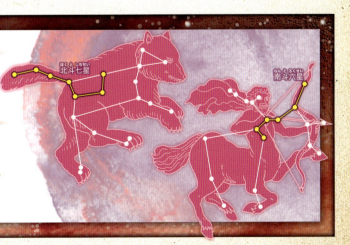

Data

■ 死をつかさどる星
- 北斗七星 〈おおぐま座（32ページ）の星〉
- 春の星（おおぐま座の20時正中 5月上旬）

■ 寿命をつかさどる星
- 南斗六星 〈いて座（24ページ）の星〉
- 夏の星（いて座の20時正中 9月上旬）

黄帝をのせた竜

中国の伝説

「しし座」の頭部に位置する6つの星を、西洋では「獅子の大鎌」とよぶ。中国では、獅子の大鎌に小さな星をくわえたものを、身をくねらせた竜と見ている。

黄帝の偉業

むかし、軒轅というすぐれた人物がいた。彼は、世界を支配していた悪神の蚩尤とたたかって勝利し、黄帝とよばれる王となって、正しく世をおさめた。

黄帝は、人々に多くのものをもたらした。衣服、船、車、家、弓矢などの生活道具をつくり、文字や音律や暦を発明し、医術や錬金術をきわめて人々にさずけた。

やがて黄帝は年老いた。死期をさとって空を見上げると、天から竜がまいおりてきた。

神になった黄帝

黄帝は「この竜は、天の王の天帝が、わたしを召すためにつかわした使者にちがいない」といってよろこび、竜の背にまたがった。すると、70人の重臣たちが「おともをさせてください」と、次々と竜の背にとびのった。身分の低い家来たちも、われ先にとびつこうとしたが、竜は身をくねらせて空にのぼりはじめ、そのまま天までとんでいって、夜空にまたたく星になった。家来たちや、国にくらすすべての人たちは、黄帝をうしなってなげきかなしんだ。

天にのぼった黄帝は、天帝にみとめられて神になった。神になった黄帝は、4つの顔をもち、常に四方に目をひからせて、天上界と人間界のすべてを見まもっているという。

竜の星
- 獅子の大鎌 <しし座（16ページ）の星>
- 春の星（しし座の20時正中 4月下旬）

Data

フフデイ王と6頭の鹿

モンゴルの伝説

「オリオン座」は、中央の三つ星の下に、小三つ星とよばれる、小さな星がある。また、「オリオン座」のベテルギウスは、ひときわ赤くかがやく星だ。モンゴルの伝説には、それらの星のなりたちがえがかれている。

弓の名手フフデイ王

むかし、モンゴルの王で、フフデイという弓の名手がいた。フフデイは、ねらいをさだめた獲物はかならずしとめることでその名を知られ、狩りにでかければ大物を、戦場ではたくさんの敵兵を射ぬいた。

あるとき、白馬にまたがったフフデイは、猟犬をしたがえて鹿狩りにでかけた。すると、彼の目の前に、3頭の牝鹿が子鹿を1頭ずつつれてあらわれた。

狩りの執念

フフデイは、すべての鹿をしとめるときめた。まずは、1頭の牝鹿にねらいをさだめて弓をひきしぼり、矢をはなった。

矢は、みごとに命中した。しかし、牝鹿の体を貫通してしまったため、致命傷にはならなかった。貫通した矢は、天につきささって、鹿の血の色をした赤い星となった。

鹿たちは、天にかけのぼってにげた。3頭の牝鹿は、ならぶようにして、明るい三つ星になった。その三つ星をおうようにして、子鹿たちは小三つ星になった。

フフデイは、ねらいをさだめた獲物は、どんなことがあってもあきらめない。彼は、鹿をおいかけて天にのぼり、今でも6つの星をおいかけているという。

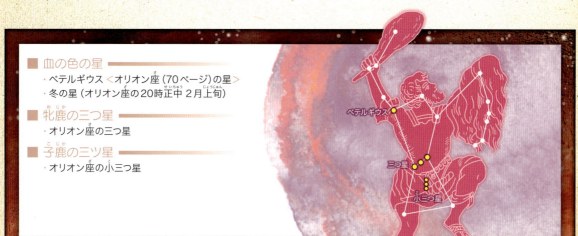

- ■ 血の色の星
  - ベテルギウス <オリオン座 (70ページ) の星>
  - 冬の星 (オリオン座の20時正中 2月上旬)
- ■ 牝鹿の三つ星
  - オリオン座の三つ星
- ■ 子鹿の三ツ星
  - オリオン座の小三つ星

ブッダがつくったヒヨコ星

タイの伝説

「おうし座」の牛の肩に位置する星の集団「プレアデス星団」。この星は、世界各地で民話や伝説になっている。日本でも「すばる」という名で古くからしたしまれ、平安時代の作家の清少納言は、「星はすばる。ひこぼし。ゆふづつ（星はすばる、彦星、宵の明星がいい）」と、『枕草子』につづっている。ここでは、仏教をひらいたブッダにまつわる、タイのプレアデス星団の伝説を紹介しよう。

老夫婦と7羽のヒヨコ

あるところに、まずしい老夫婦がすんでいた。ふたりには子どもがいなかったが、飼っている雌鶏と7羽のヒヨコを、わが子のようにかわいがっていた

ある日の夕方、みすぼらしい旅人が「一晩とめてほしい」とたずねてきた。老夫婦はこころよく家にまねきいれたが、旅人にふるまう食事がなかった。ふたりはその晩、朝食に雌鶏をだしてもてなそうと話しあった。

その話をきいていた雌鶏は、ヒヨコたちをよんで、「わたしはご用をはたすときが来た。これはよいことなのだから、おまえたちはかなしんではいけないよ」といいきかせた。

あくる日、老夫婦は、雌鶏で鍋料理をつくって旅人にさしだした。すると、ぐつぐつと煮える鍋に、ヒヨコたちが次々と身をなげた。ヒヨコたちは、雌鶏と運命をともにしたのだ。

旅人の正体はブッダだった。ブッダは、老夫婦の親切と、雌鶏とヒヨコたちの行動に心をうたれ、7羽のヒヨコを天にあげて星にした。それ以来、この7つの星は、ヒヨコ星とよばれるようになった。

■ ヒヨコ星
・プレアデス星団 ＜おうし座（10ページ）の星＞
・冬の星（おうし座の20時正中 1月下旬）

Data

3本角のトリシャンク

インドの神話

インドの神話に、「みなみじゅうじ座」と、インドラという神が登場するものがある。神インドラは、バラモン教の『ヴェーダ神話』において最強の武神とされ、日本につたわった仏教では「帝釈天」とよばれている。

王子サチャブラータ

ある国に、悪行ばかりくりかえしている、サチャブラータという王子がいた。彼は、ついに王の怒りをかい、国を追放された。その頃、国中が飢饉にみまわれていたため、彼も飢えにくるしみながら、放浪の旅をした。

とある森の中で、サチャブラータは小さな庵を見つけた。そこには、飢えにくるしむ女と、子どもたちがいた。彼はあわれに思い、森の動物を狩って、飢えた家族にあたえた。

天にのぼるトリシャンク

ある日、サチャブラータは、えらい僧侶の怒りをかい、頭に3本の角をはやしたみにくい怪物にされた。それ以来、彼は3本角という意味のトリシャンクとよばれ、迫害された。

トリシャンクが人生に絶望していると、賢者があらわれて、感謝をのべた。森の庵の飢えた家族は、賢者の妻と子どもだったのだ。賢者は、トリシャンクを天国におくってあげようと、天におしあげた。すると、神インドラがゆるさず、トリシャンクをおしもどしたため、上下からおされたトリシャンクは、天にはりつけになった。このときのすがたが夜空にのこり、南の十字の星になった。

その後、神インドラを賢者が説得して、トリシャンクは天国にいくことができたという。

■ **トリシャンクの星**
<みなみじゅうじ座 (90ページ)>
・南半球の星座 (20時正中 5月下旬)

Data

118 | ポリネシア（タヒチ）

もどってこない兄と妹

ポリネシア(タヒチ)の民話

ポリネシアのタヒチ島に、「さそり座」の星アンタレスにまつわる伝説がある。この伝説では、アンタレスにあたる星は、少年と少女を背中にのせたカブトムシだとされている。

ピピリとレファ

　海辺の家に、兄のピピリ、妹のレファ、その両親の4人家族がすんでいた。

　ある日、両親は海で漁をして、夜おそくにかえってきた。両親は、子どもたちがねていることをたしかめると、魚を料理して、ふたりでたべはじめた。

　しかし、ピピリとレファは、まだねむっていなかった。ふたりは、両親がこそこそとごちそうをたべていることが、とてもかなしかった。そして、ふたりはそっと家をでた。

カブトムシにのって

　食事をおえた両親が寝室にはいると、子どもたちがいないことに気がついた。あわてて外にとびだすと、手をつないでにげていくピピリとレファを見つけた。

　両親は「もどりなさい！」とさけびながら、あとをおった。ピピリとレファは、「いやだよ。その魚はまずいんでしょ？ 子どもにたべさせる魚なんて、ないんでしょ？」といいながら、どんどんにげていく。

　もう少しで両親がおいつきそうになったとき、ピピリとレファは、大きなカブトムシの背中にのって、空にとびたってしまった。

　ピピリとレファをのせたカブトムシは、そのまま天高くのぼっていった。星になったふたりは、二度と地上にもどらなかった。

■ カブトムシの星

- アンタレス ＜さそり座(22ページ)の星＞
- 夏の星 (さそり座の20時正中 7月下旬)

Data

天にかかったつり針

ポリネシア（ニュージーランド・ハワイ）の伝説

「さそり座」の星のならびは、つり針のような形をしている。ニュージーランドやハワイなどのポリネシアには、「さそり座」をつり針の星とする伝説がある。

魔法のつり針

4人兄弟の末っ子のマウイは、まじめで心やさしい青年だった。4人の兄弟は、目が見えないおばあさんに毎日たべものをはこぶ仕事をしていたが、兄たちがそれをなまけたため、マウイひとりがおばあさんの世話をした。

おばあさんは、「わたしが死んだら、わたしのあごの骨でつり針をつくりなさい」とマウイにいった。やがておばあさんが亡くなり、マウイはいわれたとおりにつり針をつくったが、このつり針には魔法がかかっていた。

島をつったマウイ

ある日、マウイは、兄たちと一緒にカヌーで海づりにでた。兄たちは、「おまえが魚をつれるはずがない」といってばかにしたが、マウイが魔法のつり針を海にたらすと、たちまちえものの手ごたえがあった。兄たちがおどろく中、マウイが力いっぱいひきあげると、針には巨大な島がかかっていた。

あばれる島を、マウイは「えいっ」とひきよせた。すると、糸が切れて、つり針が天までとんでいってしまった。つり針は天にひっかかり、夜空にかがやく星になった。

マウイがつった島は、ある話では、ニュージーランドの北島になったといわれる。またある話では、ハワイの島のマウイ島になったともいわれる。

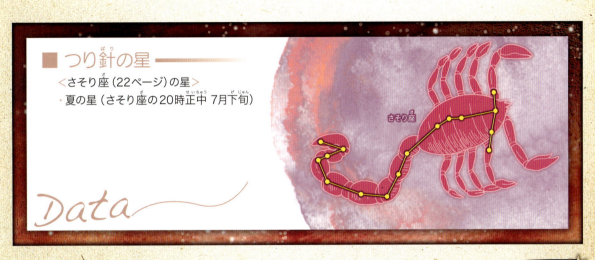

■ つり針の星
<さそり座（22ページ）の星>
・夏の星（さそり座の20時正中 7月下旬）

さそり座

Data

122 | アボリジニー

人類で最初に死んだ男

アボリジニーの神話

オーストラリアの先住民族アボリジニーに、「みなみじゅうじ座」にまつわる神話がつたわっている。この神話には、神が世界をつくり、人間を創造したようすがえがかれている。

神バイアーメ

天空の神バイアーメが、まだ大地をあるいていた、はるかむかし。バイアーメは赤土をねって、2人の男と、1人の女をつくった。こうして、大地にはじめて人間があらわれた。

バイアーメは、人間がたべるための植物を大地にうえた。3人はそれをたべて、何不自由なく日々をくらした。

あるとき、日照りがつづいて植物がかれ、3人は飢えた。1人の男が、カンガルーネズミを殺してたべ、女もその肉をもらってたべた。だが、もう1人の男は、植物ではないものを口にしようとしなかった。女がすすめても、どうしてもたべなかった。

死者の赤い目

肉をたべなかった男は、ついに力つきて、大木の下にたおれてしまった。すると、精霊ヨウィーがあらわれ、男を大木の洞の中へなげこんだ。その直後、天空から雷鳴がとどろき、大木が地面からぬけでて、南の空へととびたった。空高くとび、天に根をおろした大木の中で、精霊ヨウィーの2つの目と男の2つの目が、もえるように赤くひかった。

4つの目のかがやきは、南の空の星になった。この星は、人類ではじめて地上にあらわれ、そして死んだ男が存在したしるしだ。

■ 4つの目の星
<みなみじゅうじ座（90ページ）>
・南半球の星座（20時正中 5月下旬）

Data

7つの星

ロシアの民話

「おおぐま座」の一部の「北斗七星」にまつわる伝説が、世界各地にある。ロシアに古くからつたわるこの民話は、19世紀にロシアの小説家トルストイが執筆したことで、世界中に知られるようになった。

ふしぎなひしゃく

むかし、日照りが長いことつづいて水が干あがり、草木がかれて、人々はくるしんだ。

ある農村のまずしい家に、小さな女の子と、病気の母がくらしていた。女の子は、母にのませる水をさがしに、ひしゃくをもって夜道にでた。しかし、いくらさがしても水が見つからず、女の子はつかれて草むらによこたわり、そのままねむってしまう。

目をさますと、ひしゃくの中が水でいっぱいになっていた。女の子は、のどのかわきをがまんして、母がまつ家にいそいだ。とちゅう、子犬が水をのみたそうにしていたので、大事な水をひとすくいのませてあげた。ふと気がつくと、ひしゃくが銀色になっていた。

家にかえってきた女の子は、母にひしゃくの水をさしだした。母は、「あなたがのみなさい」といって、女の子にかえした。すると、ひしゃくが金色にかがやきだした。

そのとき、旅人がたずねてきて、「水をのませてほしい」といった。女の子は、ぐっとつばをのみこんで、旅人に水をさしだした。

すると、突然、ひしゃくから大きな7つのダイヤモンドがとびだして宙をまい、きれいな水をほとばしらせた。7つのダイヤモンドは、しだいに天たかくのぼっていき、ひしゃくをかたどった星々になった。

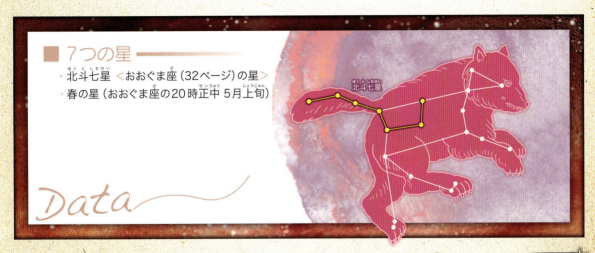

7つの星
- 北斗七星 <おおぐま座(32ページ)の星>
- 春の星（おおぐま座の20時正中 5月上旬）

Data

光の橋がわたす愛

フィンランドの伝説

七夕の物語とにている愛の伝説が、北欧のフィンランドにもある。七夕は夏の天の川の物語だが、フィンランドの伝説は冬の夜空が舞台となり、天の川は「光の橋」とされる。物語の最後に登場するひときわ明るい星とは、「おおいぬ座」の星のシリウスとされる。

星になった夫婦

あるところに、ズラミスとサラミというなかのよい夫婦がいた。ふたりはふかく愛しあっていて、いつもいっしょにいた。

ふたりは死後、天にのぼって星となった。しかし、ズラミスの星とサラミの星は、とてもとおくにはなれていた。会いにいこうとしても足もとには道がなく、もやのような星くずが、点々とちらばっているだけだった。

千年ごしの再会

ズラミスとサラミは、ふたたび会いたいという一心で、足もとの星くずをあつめて、天にかける橋をつくりはじめた。しかし、まばらにしかない星くずをあつめるのはとても大変なことで、数日たっても、数か月たっても、ちっとも作業はすすまなかった。

それでも、ふたりの決心はかたかった。少しずつ星くずをあつめては橋の材料につかい、数年、数十年、数百年と作業をつづけた。そして、ついに千年後、ふたりの間に、天にまたがるとても大きな光の橋が完成した。

光の橋をわたったふたりは、ひときわ明るい星のもとで再会し、強くだきしめあった。ふたりは、今でもその星で、なかむつまじくくらしているという。

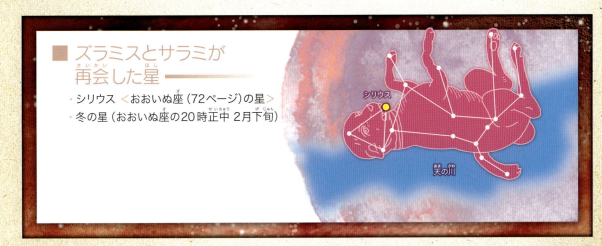

■ ズラミスとサラミが再会した星
- シリウス ＜おおいぬ座（72ページ）の星＞
- 冬の星（おおいぬ座の20時正中 2月下旬）

巨人グーゼの目

ヨーロッパの神話

「ふたご座」の星、カストルとポルックスは、北欧神話では巨人のグーゼ（シアチともいう）の目とされる。北欧神話とは、紀元前にさかえた古代ゲルマン民族につたわる神話だ。

悪事をくりかえす巨人

巨人族のグーゼは、鷲に化けて神々の世界にいっては、悪事ばかりはたらいていた。ある日、肉料理をしていた神々を上空から見つけると、呪文で料理の火をつかえないようにしてから、「肉をわけてくれれば、火をかえしてやる」といった。神々がそれをうけいれて料理を再開すると、料理ができあがったと同時に、鍋ごと肉をうばいとった。神ロキが鍋をとりかえそうととびかかったが、グーゼはロキも一緒にさらっていった。

グーゼは、巨人族の国につれてきたロキに、「黄金のリンゴをうばってきたら、おまえをにがしてやる」ともちかけた。黄金のリンゴとは、たべれば若さをたもつことができるという、神々の宝物だ。ロキは、神々の国にかえると、黄金のリンゴの木と、それを管理する女神イズンをさらって、グーゼにわたした。

ロキは、グーゼから解放されたものの、今度は神々の怒りをかってしまい、巨人族の世界にもどって黄金のリンゴの木と女神イズンを奪還した。グーゼは、鷲に化けて猛然とロキをおいかけたが、神々に撃退されて死亡する。

グーゼには美しい娘がいて、ちかいうちに、神の男性と結婚する予定だった。その娘が、父グーゼの死をなげきかなしんだため、神々はグーゼの目を天にあげて明るい2つの星をつくり、彼女をなぐさめた。

■ グーゼの目の星
- カストル・ポルックス ＜ふたご座（12ページ）の星＞
- 冬の星（ふたご座の20時正中 3月上旬）

Data

はたらき者となまけ者

イヌイットの民話

カナダ北部などの氷雪地帯にくらす民族のイヌイットに、「オリオン座」の三つ星と、プレアデス星団にまつわる民話がある。この話では、プレアデス星団は七つ星とされている。

10人の男女

ある村に、7人の女と、3人の男がくらしていた。男たちは、とてもはたらき者で、毎日せっせとアザラシ狩りにでかけ、小屋を補修し、カヤック（アザラシの皮をはったカヌー）をつくって、きびしい雪国の生活をいとなんでいた。

7人の女たちは、ひどいなまけ者だった。仕事は男たちにまかせて、いつまでもねむり、なんの苦労もせずに食料をたべ、家事もしないであそびほうけていた。

すべてを見ていた神

ある日のこと、女たちは「はたらいてばかりいるやつはバカだ」と、男たちをからかいだした。それがだんだんと度をこして、ののしりながら石をぶつけはじめたため、ついに男たちは激怒し、こん棒をふりかざして女たちをおいかけた。

おどろいた女たちは、カヤックにのって海へにげた。男たちもカヤックであとをおった。2艘のカヤックは、おいかけっこをするうちに、海からはずれて天にのぼった。

すべてを見ていた神は、女たちを天にしばりつけて七つ星にし、まじめな男たちのほうは、美しくかがやく三つ星にした。

星となった10人の男女は、今でも天でおいかけっこをつづけている。

■ 女たちの七つ星
- プレアデス星団 ＜おうし座（10ページ）の星＞
- 冬の星（おうし座の20時正中 1月下旬）

■ 男たちの三つ星
- 三つ星 ＜オリオン座（70ページ）の星＞
- 冬の星（オリオン座の20時正中 2月上旬）

Data

132 | ネイティブ・アメリカン

北の星の少年

ネイティブ・アメリカンの伝説

「こぐま座」の北極星は、1年中ほぼおなじ位置にある。星々は、その北極星のまわりをまわっているように見える。北アメリカの先住民族ネイティブ・アメリカンに、そんな北極星にまつわる物語がつたえられている。

道にまよった男たち

ある部族の一行が、とおい国まで狩りにでかけ、帰路についた。しかし、意気揚々とすすんでいるうちに、すっかり道にまよってしまった。「おそらくこちらの方向だ」と見当をつけて、何日もあるいていると、いよいよどこだかわからない荒地に来てしまった。

このままでは、全員がのたれ死んでしまう。そうかんがえた一行の長は、生贄をささげて精霊に村の方角をたずねることにきめた。

ふしぎな少年

一行はその夜、精霊に生贄をささげ、たき火をかこんで儀式の踊りをおどった。すると、いつの間にあらわれたのか、星のようにきらきらと目をかがやかせた少年が、北の方角からちかづいてきた。

少年は、「おれは北の星の精だ。おまえたちは、村からだいぶはなれた位置にいる。おれのあとについてこい」と、しずかにいった。一行は、少年のあとをついていき、無事に部族の村にかえることができた。

彼らは、少年があらわれた方角の星を「いつもうごかぬ星」と名づけ、うやまった。そして、部族の人々は、死後に天にのぼり、「いつもうごかぬ星」のちかくで星となって、まわりをまわっているのだという。

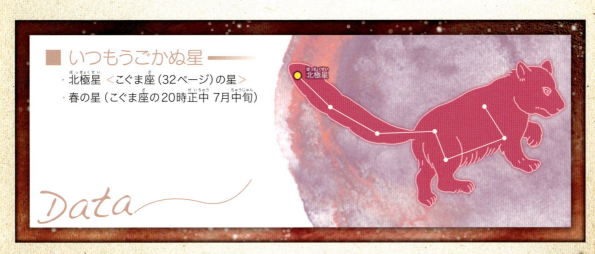

■ いつもうごかぬ星
- 北極星 ＜こぐま座（32ページ）の星＞
- 春の星（こぐま座の20時正中 7月中旬）

Data

女神イシスの星

エジプトの神話

古代エジプトでは、「おおいぬ座」の星のシリウスは女神イシスだとされた。イシスは、エジプト文明の繁栄の要因であるナイル川と、ふかいかかわりをもっている。

麦の穂をいだく女神

女神イシスは、夜空のひときわ明るい星となって、人々にナイル川の氾濫の時期を知らせる。夏の朝やけ前に彼女の星が東の地平線にあらわれるとき、人々は川の氾濫がちかいことを知り、避難や準備をすませていた。

ナイル川は、毎年、雨季に氾濫し、上流の肥えた土を下流の大地にはこんだ。氾濫がおわり、この土に麦をまくと、黄金色にかがやくたわわな穂をみのらせることができた。人々は、収穫した麦を、感謝のしるしとしてイシスにささげたという。

イシスの夫、神オシリスは、人間たちの王であるファラオとなって、エジプトに善政をしいた。オシリスとイシスは、エジプトの民から絶大な崇拝をあつめた。

しかし、それをねたむ者がいた。みにくい獣の顔をもつ、悪神セトである。セトは、王座をうばうためにオシリスを殺し、さらに、イシスの命にもねらいをさだめた。

イシスは、民からささげられた麦の穂をかかえたまま、懸命ににげた。そのとき、麦の実がぱらぱらとこぼれて天にかかり、夜空にきらめく麦の道（日本の天の川）になった。

セトからにげおおせたイシスは、息子のホルスをうんだ。たくましく成長したホルスは、セトとたたかって王座を奪還し、父オシリスと同様に、エジプトをよくおさめた。

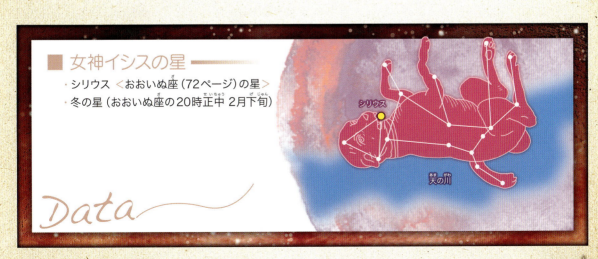

■ 女神イシスの星
- シリウス ＜おおいぬ座（72ページ）の星＞
- 冬の星（おおいぬ座の20時正中 2月下旬）

Data

星をつくった少女

アフリカの伝説

アフリカのサン族につたわる、星々のはじまりの物語を紹介しよう。今、夜空にかがやいているすべての星は、あるひとりの少女がつくったものだという。

夜空を見あげる少女

　はるかむかし。夜空には、月だけがひかっていた。ほかにはなにもなく、ただ暗闇が、のっぺりと天をおおっていた。

　ひとりの少女が、夜空を見てつぶやいた。
「あんなにひろい空なのに、月はいつもひとりぼっちで、なんだかかわいそう。なにかキラキラとひかりかがやくもので、月のまわりをかざれないものかしら。ああ、そんなかざりが夜空いっぱいにひろがっていたら、どんなにすてきなことでしょう」

天にとどまり星となる

　少女は、ふと思いついて、家のいろりの灰をつかみ、夜空になげあげてみた。すると、灰は風にふかれて天たかくのぼり、ひとすじの川のように夜空にとどまった。こうして夜空に、星の川がうまれた。
「もっといっぱい、もっと色とりどりに、夜空をかざりましょう」
　少女は、フィンの木の根をいくつもほりだして、次々と空になげた。すると、わかい木の根は天で白くかがやき、老木は赤くまたたいた。少女は、あきることなく、つかれもわすれて、たくさんの木の根を天になげた。
　ついに、夜空のすべてが、美しい星々でみたされた。少女は、自分がつくりあげたかざりに満足して、いつまでも夜空を見あげた。

■ 星の川

　日本で「天の川」とよばれている、無数の星のつらなり。

　西洋では、おなじものを「ミルキーウェイ（乳の道）」とよぶ。これは、ギリシア神話の女神ヘラの母乳がながれでたものだとされている（82ページ）。

太陽系の星と世界の神々

世界各地につたわる神話の中には、太陽や月や金星など、太陽系の星を神とするものがあります。特に太陽については、日本神話のアマテラスや、エジプト神話のラーなど、最高神を太陽の神とする神話が多数あります。

メソポタミア神話

メソポタミア神話とは、メソポタミア文明（96ページ）につたわる神々の物語です。この神話は、ギリシア神話や旧約聖書のもとになったともいわれます。蛇の尾をもつ女神や、目と耳が4つずつある神など、さまざまな神々が存在し、太陽や月や金星などの神もいます。

太陽の神：シャマシュ

肩に太陽をのせた、正義をつかさどる神。彼のもつ長い手は、けっして罪人をのがさないという。シャマシュの神殿には、世界最古の法律とされる「ハンムラビ法典」が奉納されていた。

月の神：シン

暦と豊穣をつかさどる神。月の満ち欠けで、人間たちに農期を知らせた。古代メソポタミアでは、太陽の神シャマシュよりも、月の神シンのほうが上位の神とされている。

金星の女神：イシュタル

すばらしい美貌と、豊満な肉体をもつ、愛と美の女神。金星の女神でもあり、古代メソポタミアの人々は、金星の光が夜空で四方にすじをはなつさまを、「イシュタルの髭」とよんだ。

エジプト神話

エジプト神話とは、エジプト文明（96ページ）につたわる、神々の物語です。太陽を崇拝した古代エジプトでは、おもに太陽神ラーが神々の頂点とされました。

太陽神：ラー

エジプト古来の太陽神で、ラーという名前も「太陽」を意味する。ある時代では創造神アトゥムとくみあわされてアトゥム・ラーとなり、別の時代では天空神アメンとくみあわされてアメン・ラーとなって、最高神とされた。

天空の女神：ヌト

天空そのものである女神。毎日、夜明けとともに星々をたべて太陽をうみだし、日没とともに太陽をたべて星々をうみだしているという。

神話：「くりかえされる太陽の生死」

ラーは、一日のうちに、生と死をくりかえす。日の出の頃、天空の女神ヌトが、赤子の朝日であるラーをうみだす。それは大変な難産であるため、ヌトがながした血によって、朝方の空が赤くそまる。

誕生したラーは、天をかけながら日中に歳をとり、夜には老人になる。そして、日没にラーは死ぬ。女神ヌトは、死んだラーをたべて腹の中で再生し、また翌朝に赤子のラーをうみだす。

アステカ神話

アステカ神話とは、アステカ文明（96ページ）につたわる神々の物語です。アステカ文明は、神に生贄をささげる風習があった文明としても有名です。

太陽神：ウィツィロポチトリ
太陽神。アステカ神話の軍神でもあり、メキシコの国旗にもえがかれている。名前はハチドリを意味する。

金星になった神：ケツァルコアトル
世界を創造し、人類をつくりだした神。羽毛でおおわれた蛇のすがたをしているとされる。

神話：「太陽神と金星になった神」
かつては、悪神テスカトリポカが世界と太陽を支配していた。神ケツァルコアトルは、テスカトリポカを棒でなぐって、王座から追放した。テスカトリポカは闇の世界ににげて、夜の王となった。

太陽神ウィツィロポチトリは、毎日の夜明けの頃にテスカトリポカとたたかって勝利し、地上に光をもたらす。太陽神がやぶれると朝がこなくなるため、人間たちは、生贄として、新鮮な心臓を毎日神にささげつづけた。

ケツァルコアトルも、幾度となくテスカトリポカに勝利して、アステカの人々をまもった。しかし、晩年に外敵が襲来し、ケツァルコアトルとアステカの人々は、国をすてなくてはならなくなった。観念したケツァルコアトルは、自分の体に火をはなった。すると、心臓だけがもえのこり、まばゆい光をはなって天空にとびたち、金星になった。

北欧神話

北欧神話とは、紀元前の北ヨーロッパでさかえた古代ゲルマン民族につたわる神話です。最高神オーディンをはじめとする神々のほかに、巨人、妖精、人間、小人など、さまざまな種族が存在し、9つの世界にそれぞれの種族がすんでいます。この神話には、ラグナロクという最終戦争で、神々をふくめたほとんどの生物が滅亡するという終末観があります。

最高神：オーディン
9つの世界を創造した、神々の最高神。火の世界のムスペルヘイムからとんでくる火花をつかって太陽や月や星々をつくりだし、世界の中央に配置した。

太陽をひく者：ソール
太陽をひいて天を駆ける馬の馭者。マーニはふたごのきょうだいで、ソールは姉。

月をひく者：マーニ
月をひいて天を駆ける馬の馭者。ソールはふたごのきょうだいで、マーニは弟。

神話：「太陽のソールと月のマーニ」
人間の男ムンディルファリは、ふたごの子どもをもった。どちらの子も、かがやくような金髪をもった美しい容姿をしていたので、姉には太陽を意味する「ソール」と、弟には月を意味する「マーニ」と名づけた。

神々は、最高神オーディンがつくった太陽と月の名を子どもに名づけるという人間の傲慢さに激怒し、ふたごを天上の世界へつれさった。そして、ソールには馬で太陽をひく役を、マーニには馬で月をひく役を命じた。

太陽をひくマーニは、狼のすがたをした巨人スコルにおいかけられた。月をひくマーニは、狼のすがたをした巨人ハティにおいかけられた。ふたりは、狼からにげながら、毎日やすむことなく天をはしりつづけている。

日本神話

　日本神話とは、歴史書の『古事記』や『日本書紀』、歌集の『万葉集』、各地につたわる『風土記』などにしるされた神々の物語です。『古事記』は、712（和銅5）年に完成した、現存する日本最古の歴史書で、太陽の女神アマテラスを神々の頂点とする神話がえがかれています。特に有名な『天岩戸隠れ』の物語は、日中に太陽が月にかくれる「皆既日食」をあらわしているとする説もあります。

太陽の女神：アマテラス

太陽をつかさどり、天上の国「高天原」と地上の国「葦原の中つ国」を、かがやく光でてらす女神。イザナギの娘で、ツクヨミとスサノオの姉。『古事記』ではおもに「天照大御神」、『日本書紀』ではおもに「天照大神」としるされている。

月の神：ツクヨミ

夜をてらす月の神。漢字名では「月読」と書く。イザナギの子どもで、太陽の女神アマテラスを姉にもつ。誕生した直後に、父のイザナギから、「闇におおわれた夜をてらせ」と命じられた。性別は、『古事記』では不明。月の満ち欠けで暦を知らせることから、農耕や漁業をつかさどる神ともされる。

神話：「天岩戸隠れ」【あまのいわとがくれ】

　むかし、太陽の女神アマテラスは、弟のスサノオがおこした数々の悪事におそれおののいて、岩屋にはいって入り口を大岩でふさいだ。すると、世界が闇におおわれ、いたるところから悪神がわきだし、あらゆるわざわいがまきおこった。

　知恵の神オモイカネは、高天原に神々をよびあつめて、アマテラスを岩屋からひきだす方法をさずけた。神々は、オモイカネの指示にしたがって準備をすすめ、アマテラスがとじこもっている岩屋の前に集合した。

　まず、たくさんあつめられたニワトリがいっせいに鳴いて、夜明けを告げた。次に、女神アメノウズメが、桶の上にのって、うたいながらおどった。アメノウズメが夢中になっておどるうちに、だんだんと衣服がはだけ、その面白さに見ていた神々がわきたち、高天原は歓声につつまれた。

　岩屋の中のアマテラスは、夜明けを告げるニワトリの声と、神々のよろこぶ声をきいて、不思議におもった。そこで、岩戸を少しだけあけて、おどっているアメノウズメに「なぜ神々が楽しそうにしているのか」とたずねた。

　アメノウズメは、おどりつづけながら「あなたよりも貴い神がおいでになったので、皆でよろこんでいます」とこたえた。アマテラスが岩戸のすきまから外を見てみると、そこには、たしかにひかりかがやく女神が来ていた。

　アマテラスが見た女神とは、じつは、鏡にうつった自分自身のすがただった。八咫鏡がとりつけてある木の枝を、神フトタマが岩戸の横でささげもっていたのだ。そうとは知らず、アマテラスはいよいよ不思議におもって、その神の正体をたしかめようと、岩戸をあけて外に1歩ふみだした。

　そのとたん、岩戸のかげにかくれていた力じまんの神アメノタヂカラオが、アマテラスの手をつかんで一気に外へとひっぱりだした。そして、すぐさま別の神が岩戸の入り口にしめ縄をはりわたして、アマテラスが岩屋の中にもどれないようにした。

　こうしてアマテラスが岩屋の外にでたので、高天原も、葦原の中つ国も、あたたかな光でてりかがやき、いっさいの悪神やわざわいがおいはらわれた。

月にまつわる日本の物語

　かぐや姫の物語として有名な『竹取物語』は、月にまつわる不思議なお話です。作者は不明ですが、平安時代中期に紫式部が書いた『源氏物語』の中で「竹取の翁」についてふれていることなどから、それ以前の時代に書かれ、多くの人に知られていたようです。そのため、現存する日本最古の物語ともいわれます。また、月に都があり、天人たちがすんでいるという独創性は、世界中でも類を見ません。
　物語の内容は、しるされた書物によってさまざまな展開がありますが、ここでは、一般的によく知られているものを紹介します。

物語：『竹取物語』【たけとりものがたり】

　むかし、翁（おじいさん）が山で竹をとっているとき、ひかる竹の中から三寸（約10cm）ほどの女の子を見つけた。翁はその子を家にもちかえって嫗（おばあさん）に見せ、わが子としてそだてようときめた。
　翁は、黄金がつまった竹をたびたび見つけて、裕福になった。女の子はすくすくと成長して、3か月で人並みの背丈になり、この世のものとは思えないほど美しくなった。翁は、女の子を部屋からださず、大切にそだてた。年頃の女性ほどに成長すると、翁は身分の高い人を家によんで、「なよたけのかぐや姫」と名づけてもらった。
　人づてに、かぐや姫の評判がひろまった。そして、5人の高貴な男性が、かぐや姫に結婚をもうしでてきた。かぐや姫は、「容姿や身分では優劣がつかないので、より想いのふかい人の妻になりたい」とのぞみ、それぞれに「仏の御石の鉢」、「蓬莱の玉の枝」、「火鼠の裘」、「龍の首の珠」、「燕がもつ子安貝」という宝物をとってくるようにたのんだ。5人の男性は、それぞれの方法で宝物を入手しようとしたが、偽物の宝物をつくったり、病にかかったり、崖からおちて大怪我をしたりと、だれひとり難題をこなせなかった。
　うわさをききつけた帝は、かぐや姫を自分のものにしようと手をつくしたが、彼女はかたくなにそれをこばんだ。しびれをきらせた帝が、かぐや姫の部屋におしいると、彼女のすがたがきえて、影だけになった。それを見た帝は、普通の人間ではないとさとりながらも、よりいっそう想いを強くした。
　それから3年がすぎた頃、かぐや姫は月を見あげて、たびたび涙をながすようになった。心配した翁が理由をきくと、かぐや姫は、涙ながらにうちあけた。
　「じつは、私はこの国の人ではなく、月の都の天人です。ほんの少しの間ということで月からやってきましたが、このように、長い年月をすごしてしまいました。でも、この月の十五日に天人がむかえにやってきて、私は月にかえらなければなりません。とてもかなしいけれど、私にはどうすることもできないのです」
　このことを知った帝は、月からの使者をむかえうつため、翁の家の周囲に大軍勢を配置した。しかし、かぐや姫は、それが無駄なことだと知っていた。天人は、清らかで美しく、老いることもなく、人間の心を見とおすことができるのだ。
　その夜、まばゆい光とともに、天人が雲にのっておりてきた。それをむかえうつはずの兵士たちは、心をみだされて戦意を喪失し、ただ呆然としていた。月の都の王と思われる人が翁にむかって、「姫は、月の都で罪をつくって、このような卑しいところにおりた。しかし、罪をつぐなう期間が終了したので、むかえにきている。はやく姫をさしだせ」といった。翁は、「かぐや姫は病気だから、今はわたせません」とこたえた。しかし、月の王はそれを無視して、空とぶ車を家によせた。すると、しめきっていた家の戸がひとりでにひらいていき、ついに、嫗がだきかかえているかぐや姫のすがたがあらわになった。
　かぐや姫は、かなしみながらも翁と嫗にわかれを告げ、帝には不死の薬をわたして、天人たちのもとへむかった。天人のひとりが天の羽衣をさっと姫に着せると、彼女のかなしみがたちまちきえて、姫は天人たちとともに月にのぼっていってしまった。
　その後、翁と嫗は、血の涙をながしてかなしみつづけたが、かぐや姫は二度ともどってこなかった。不死の薬をうけとった帝も、かぐや姫のいない世界で生きながらえても意味がないとかなしんだ。
　不死の薬は、帝の命により、月に一番ちかい山の頂上で、大勢の武士が見まもる中でもやされた。この山は、「富士がいた山」、または「不死の薬をもやした山」ということから、「ふじの山」（今の富士山）と名づけられたという。

全天の星座図

　この図は、地球から見た星空を、「北天」「南天」「中緯度」の3つにわけて、世界地図のようにあらわしたものです。88星座の位置関係や大きさ、星座の境界やよく見える季節、黄道（太陽の通り道）や天の川の分布などをたしかめることができます。

✦	北　天【ほくてん】	天の北極を中心とした星座図。地球の北半球の地域でよく見える星空です。
✦	南　天【なんてん】	天の南極を中心とした星座図。地球の南半球の地域でよく見える星空です。
✦	中緯度【ちゅういど】	天の赤道をはさんだ、赤緯60度から−60度までの星座図です。

※「おうし座」と「ぎょしゃ座」は、星をひとつ共有していますが、厳密には「おうし座」の範囲にあたります。
※「アンドロメダ座」と「ペガスス座」は、星をひとつ共有していますが、厳密には「アンドロメダ座」の範囲にあたります。

■中緯度【ちゅういど】

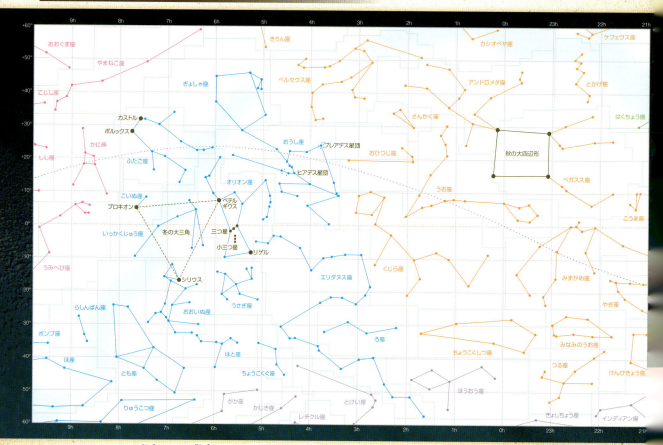

● 春の星座（ピンクの星座）　● 夏の星座（緑色の星座）　● 秋の星座（オレンジ色の星座）　● 冬の星座（青色の星座）

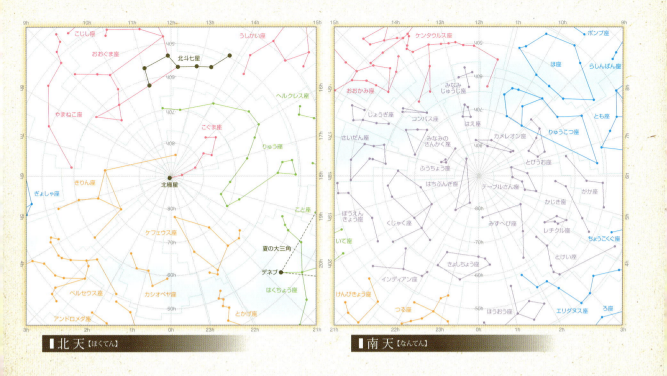

■北天【ほくてん】　　■南天【なんてん】

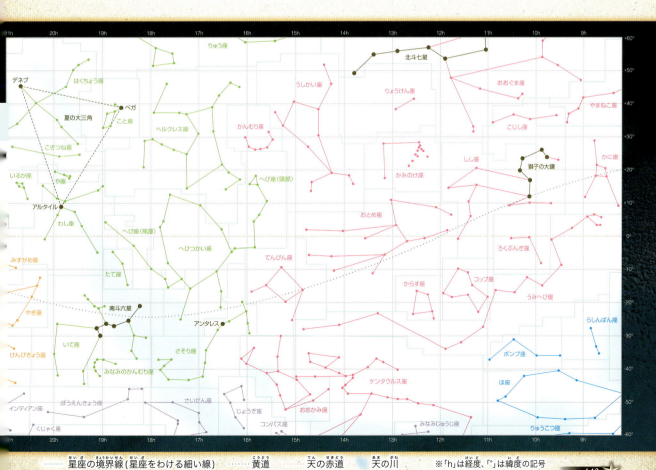

星座の境界線（星座をわける細い線）　　……… 黄道　　── 天の赤道　　天の川　　※「h」は経度、「°」は緯度の記号

143

※本書に掲載しているイラストは、資料等を基にして、
　アレンジをくわえたものです。学術的な再現を図ったものではありません。

イラスト

あさだみほ	（おとめ座、みずがめ座、わし座、こと座、オリオン座、インド、フィンランド、イヌイット）
板倉まゆみ	（てんびん座、かみのけ座、日本・中国[七夕]、ポリネシア[ニュージーランド・ハワイ]）
桂イチホ	（おうし座、うお座、かんむり座、からす座、ヨーロッパ、エジプト）
川石テツヤ	（ふたご座、さそり座、うみへび座、うしかい座、ヘルクレス座、りゅうこつ座・ほ座・らしんばん座・とも座、アイヌ、日本[徳蔵]）
さがわゆめこ	（88星図絵、おひつじ座、しし座、やぎ座、はくちょう座、りゅう座、おおいぬ座、ぎょしゃ座、日本[浦島]、ポリネシア[タヒチ]、アフリカ）
崎みつほ	（いて座、ケンタウルス座、いるか座、ペガスス座、エリダヌス座、中国[黄帝]、ロシア、ネイティブアメリカン）
瀬戸カズヨシ	（かに座、おおぐま座・こぐま座、へびつかい座・へび座、沖縄、中国[仙人]、モンゴル）
永野あかね	（アンドロメダ座、カシオペヤ座、ペルセウス座、くじら座、こいぬ座、タイ、アボリジニー）

編集・デザイン・DTP／グラフィオ

執筆／笠原 宙（グラフィオ）

アートディレクション／川染博之（グラフィオ）

編集協力／岡﨑信治郎（K&S）**、楓 拓磨**

参考文献

『世界の神々大図鑑』（金の星社）、『星と神話 物語で親しむ星の世界』『星の神話・伝説』（講談社）、『フラムスチード天球図譜』『星の神話・伝説集成』（恒星社厚生閣）、『星空の神々 全天88星座の神話・伝承』『図解 北欧神話』（新紀元社）、『アジアの星物語 東アジア・太平洋地域の星と宇宙の神話・伝説』（万葉舎）、『学術用語集 天文学編（増訂版）』（日本学術振興会／丸善出版）、『理科年表 平成26年』（丸善出版）、『全天恒星図2000』（誠文堂新光社）、『小学館の図鑑NEO 星と星座』（小学館）、『星の神話・伝説図鑑』『ポプラディア大図鑑WONDA 星と星座』（ポプラ社）、『星の神話伝説集』（社会思想社）、『星と伝説』（偕成社）、『星座で読み解く日本神話』（大修館書店）、『星と星座の伝説 春（夏・秋・冬）』（小峰書店）、『星座と神話がわかる本』『ニューワイド 学研の図鑑 星・星座［増補改訂］』『世界の神々と神話の謎』『世界の神々の事典』（学研）、『ラルース世界の神々・神話百科』『世界の神話百科 ギリシア・ローマ・ケルト・北欧』（原書房）、『「世界の神々」がよくわかる本』（PHP研究所）、『世界神話辞典』（柏書房）、『世界の神話101』（新書館）、『ギリシア神話』（ナツメ社）、『ギリシア・ローマ神話』『アイヌ神謡集』『古琉球』『竹取物語』（岩波書店）、『図説 ギリシア神話［英雄たちの世界］篇』（河出書房新社）、『エジプト神話』『インド神話』『北欧神話』（青土社）、『子どもに語る日本の神話』（こぐま社）、『知っておきたい日本の神話』（KADOKAWA）、『TJMOOK 星座のはなし』『日本神話の地図帳』（宝島社）、『メソポタミアの神話』（筑摩書房）、『南島の神話』（中央公論新社）

星座の神話伝説大図鑑

2015年12月　初版発行

編／グラフィオ

発行所／株式会社 金の星社
〒111-0056　東京都台東区小島1-4-3
電話／03-3861-1861(代表)
FAX／03-3861-1507
振替／00100-0-64678
ホームページ／http://www.kinnohoshi.co.jp

印刷／株式会社 廣済堂
製本／東京美術紙工

NDC164 144P. 25cm ISBN978-4-323-07351-4
©Miho Asada, Mayumi Itakura, Ichiho Katsura, Tetsuya Kawaishi, Yumeko Sagawa, Mitsuho Saki, Kazuyoshi Seto, Akane Nagano, Grafio Co.Ltd. 2015
Published by KIN-NO HOSHI SYA,Tokyo,Japan
乱丁落丁本は、ご面倒ですが、小社販売部宛にご送付下さい。送料小社負担にてお取替えいたします。

JCOPY　(社)出版者著作権管理機構 委託出版物
本書の無断複写は著作権法上での例外を除き禁じられています。複写される場合は、そのつど事前に
(社)出版者著作権管理機構（電話 03-3513-6969、FAX 03-3513-6979、e-mail: info@jcopy.or.jp）の許諾を得てください。
※本書を代行業者等の第三者に依頼してスキャンやデジタル化することは、たとえ個人や家庭内での利用でも著作権法違反です。